フリージングで作りおき離乳食

改訂版

管理栄養士・料理研究家
松尾みゆき

JN023476

はじめに

離乳食はいつから始めればいいの?
栄養バランスは大丈夫かな? アレルギーも心配……
はじめての離乳食は、分からないことばかりですよね。

赤ちゃんのお世話だけで手一杯。でも赤ちゃんには、栄養バランス
の整ったおいしいものを食べさせてあげたい!
そんなママの味方が「フリージング」です。

赤ちゃんが1度に食べる離乳食の量はごくわずかですが、毎回作る
と意外に時間も手間もかかります。最初にまとめて作り、使う時に
解凍するだけのフリージングは初めてでも簡単で、
毎日の離乳食がぐっと楽になりますよ。

離乳食は栄養をとるだけでなく、
食べる楽しさを知る時間でもあります。
「せっかく作ったし、全部食べさせなきゃ」とどうしても思ってしま
いがちですが、本書で紹介している量はあくまでも目安。赤ちゃん
の様子を見ながら、進めていきましょう。

ママと赤ちゃんにとって、食事が楽しい時間になるといいですね。

松尾みゆき

この本の使い方

離乳食の時期別名称と月齢の目安

初期	… 5～6カ月ごろ	中期	… 7～8カ月ごろ
後期	… 9～11カ月ごろ	完了期	… 1歳～1歳半ごろ

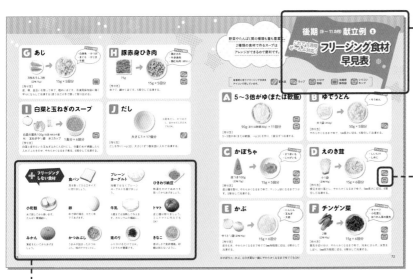

A 各期の献立を2週分ずつ紹介し、その週に使う食材と下ごしらえの仕方を一覧にしています。

C フリージングの方法はアイコンで表示しています。家にあるものに合わせて選びましょう。アレンジできる食材も紹介しているので、3週目以降に作る場合の参考にしてください。

B 家に常備してある食材で、フリージングしなくても使えるものも組み合わせてレシピを紹介しています。

D 月曜日～日曜日までの週7日間の毎食をすべて作れるよう、レシピを紹介しています。朝、昼、夕と順に並べていますが、順番を入れ替えても構いません。アレンジ食材を使うなど、バリエーションを増やしてもよいでしょう。

「授乳・離乳の支援ガイド」2019年の主な改定ポイント

- 月齢区分による名称が離乳初期、離乳中期、離乳後期、離乳完了期となりました。
- 卵黄は離乳初期（5～6カ月頃）から始められるようになりました。
  そのほか、ベビーフードの活用方法、災害時の支援ポイント、液体ミルクについての記載などが盛り込まれました。詳しくは厚生労働省のサイトに掲載されています。
  https://www.mhlw.go.jp/stf/newpage_04250.html

この本の決まり

- 小さじ1=5mℓ、大さじ1=15mℓ、1カップ=200mℓです。
- 電子レンジの加熱時間は600Wで使用した場合の目安です。表示時間を目安に、使う器具によって調節してください。500Wの場合は1.2倍、700Wの場合は0.8倍を目安に加熱してください。
- 火力は表記のない場合は、中火です。
- 材料に出てくる「湯冷まし」は水を一度沸騰させてから冷ましたものです。
- レンジで加熱する場合は耐熱ボウルを使い、必ず温かくなるまで加熱しましょう。
- オーブントースターは機種によって加熱時間が異なることがあるので、

- 様子を見て、表面が焦げそうな場合はアルミホイルをかぶせてください。
- 電子レンジで液体を加熱するとき、沸点に達していても沸騰しない場合があります。少しの刺激で沸騰し、液体が激しく散ることがありますので注意してください。
- 火加減や鍋の大きさで水分量が変わります。出来上がり写真を参考に、水分が足りない場合は適宜足してください。
- 赤ちゃんのやけどに注意してください。
- 離乳食の進め方と目安量は、厚生労働省「授乳・離乳の支援ガイド」（2019）をもとにしています。

CONTENTS

時期別 食べてよいもの・悪いもの・
フリージング方法が分かる

食品チェック表 ………… 6

PART 1

離乳食と
フリージングの基本

PART 2

時期別
フリージング離乳食
のレシピ

初期（5〜6カ月ごろ）

完了期（1歳〜1歳半ごろ）

中期（7〜8カ月ごろ）

column

後期（9〜11カ月ごろ）

食べてよいもの・悪いもの ・ フリージング方法 が分かる

食品チェック表

消化器官が未熟な赤ちゃんが、
いつ何を食べてよいかひと目で分かる一覧です。
フリージングの方法も参考に活用しましょう。

表の見方

【 食べさせてよい時期 】

○ … 適量なら食べさせてOK

△ … 場合によっては食べさせてOK

× … 今はまだNG

【 フリージング方法 】

各食材に合うフリージング方法をアイコンで示しています。

 製氷皿　 ラップ　 小分け容器　 冷凍用保存袋　シリコンカップ

		初期（5〜6カ月ごろ）	中期（7〜8カ月ごろ）	後期（9〜11カ月ごろ）	完了期（1歳〜1歳半ごろ）	下ごしらえ、与え方のポイント	フリージング方法
穀物	米	○	○	○	○	10倍がゆからごはんまで、徐々に水分量を減らしていきます。	製氷皿 ラップ 小分け容器 シリコンカップ
	玄米	×	×	×	×	栄養は豊富ですが、消化しにくいので様子を見ながら、2歳以降を目安に少量から。	―
	食パン	△	○	○	○	できるだけ余計な添加物が入っていないものを選び、耳は取り除きます。	ラップ
	ロールパン	×	△	○	○	マーガリンを使用しているものはNG。	ラップ
	うどん	△	○	○	○	うどんは塩分が多いので下ゆでしましょう。	ラップ
	そば	×	×	×	△	アレルギーの可能性があるので、与えるときは慎重に。	ラップ
	もち	×	×	×	×	のどに詰まらせる心配があるのでNG。	―
	スパゲティー、マカロニ	×	×	△	○	やわらかくゆでて与えましょう。	ラップ
	そうめん、冷麦	×	△	○	○	塩分が多いのでゆでたあとに水洗いしましょう。	ラップ
	中華麺	×	×	×	△	消化しづらいので、完了期以降に少量から。	ラップ
	コーンフレーク	×	○	○	○	プレーンのものを選びます。しっかりとふやかして、やわらかくしてから。	冷凍しません
	麩	△	○	○	○	豆腐、白身魚、卵黄などに慣れたら少量から。	冷凍しません

	初期（5〜6カ月ごろ）	中期（7〜8カ月ごろ）	後期（9〜11カ月ごろ）	完了期（1歳〜1歳半ごろ）	下ごしらえ、与え方のポイント	フリージング方法
肉 鶏ささみ	×	○	○	○	ゆでて筋を取り、細かくさきます。	
鶏むね肉	×	△	○	○	皮を取り除いてから調理します。	
鶏もも肉	×	×	×	○	皮を取り除いてから調理します。	
豚肉（赤身）	×	×	○	○	脂肪分が少ないもも肉やヒレ肉を選び、脂身は取り除きます。	
牛肉（赤身）	×	×	○	○	脂肪分が少ないもも肉を選び、脂身は取り除きます。	
ひき肉	×	×	○	○	鶏は皮なしの鶏むね肉や鶏ささみのひき肉を選んで。豚や牛は脂肪分の少ない赤身肉であればOK。	
レバー	×	×	△	○	クセの少ない鶏レバーがおすすめ。	
ハム、ベーコン、ソーセージ	×	×	×	△	塩分や香辛料が多いので、1歳以降に添加物の少ないものを少しずつ。	

	初期（5〜6カ月ごろ）	中期（7〜8カ月ごろ）	後期（9〜11カ月ごろ）	完了期（1歳〜1歳半ごろ）	下ごしらえ、与え方のポイント	フリージング方法
魚介類 しらす干し	○	○	○	○	塩分が多いので、熱湯で塩抜きしてから。	
たい	○	○	○	○	アレルギーの心配が少ない。初期からOK。	
ひらめ、かれい	○	○	○	○	アレルギーの心配が少ない。初期からOK。	
すずき	○	○	○	○	白身魚で食べやすい。初期からOK。	
たら	×	△	○	○	生たらを選ぶ。アレルギーの心配があるので注意しましょう。	
鮭	×	○	○	○	生鮭を選ぶ。塩分が多いので塩鮭は避けます。	
まぐろ、かつお	×	○	○	○	まぐろはトロなどの脂身を避け、赤身を選びましょう。かつおは背の部分を選びます。	
青背魚（あじ、いわし、さんま）	×	×	○	○	小骨が多いので、刺身用を利用すると便利。	
さば	×	×	△	○	アレルギーの心配があるので少量から与えます。	
かき、ほたて	×	×	△	○	新鮮なものを十分に加熱して。	
えび、かに	×	×	×	△	アレルギーの心配があるので少量から与えます。	
いか、たこ	×	×	×	×	弾力があり、かみ切れないのでNG。	冷凍しません

	初期 (5〜6カ月ごろ)	中期 (7〜8カ月ごろ)	後期 (9〜11カ月ごろ)	完了期 (1歳〜1歳半ごろ)	下ごしらえ、与え方のポイント	フリージング方法
魚介類 いくら、たらこ	×	×	×	×	塩分が多く、生食なのでNG。	ー
魚の干物	×	×	×	△	塩分が多いので、焼いたあとにほぐし、熱湯などで塩抜きすればOK。	冷凍しません
うなぎの蒲焼き	×	×	×	×	塩分、脂肪分が多いのでNG。	ー
ちくわ、はんぺん、かまぼこ	×	×	×	△	塩分、添加物が多いので1歳以降で少量から。	冷凍しません
かつおぶし	×	○	○	○	だしをとるときや料理の味を変えるのにも使えます。	冷凍しません
ツナ水煮缶	×	○	○	○	食塩無添加でノンオイルのものを選んで。食塩入りの場合は熱湯で塩抜きしてから。	(フリージング可)
鮭フレーク	×	×	×	△	塩分、添加物が多いので熱湯で塩抜きしてから少量を。	冷凍しません
スモークサーモン	×	×	×	×	塩分や添加物が多いので与えないでください。	冷凍しません
刺身全般	×	×	×	×	生の刺身は細菌や寄生虫の心配があるのでNG。	ー

	初期 (5〜6カ月ごろ)	中期 (7〜8カ月ごろ)	後期 (9〜11カ月ごろ)	完了期 (1歳〜1歳半ごろ)	下ごしらえ、与え方のポイント	フリージング方法
卵、大豆 卵	△	△	○	○	生卵や半熟はNGなので、しっかり加熱します。アレルギーの心配があるので、固ゆでした卵黄を耳かき1杯から始めましょう。	冷凍しません
豆腐	○	○	○	○	8カ月ごろまでは絹ごし豆腐を。	冷凍しません
高野豆腐	△	○	○	○	初期は豆腐、白身魚、卵黄などに慣れたら少量から。	冷凍しません
厚揚げ、油揚げ	×	×	×	△	油が多くかみ切りにくいので、1歳以降に油抜きし、細かく刻んで。	冷凍しません
納豆	×	○	○	○	1歳ごろまでは熱湯で粘り気をとってから。ひきわり納豆がおすすめ。	冷凍しません
大豆	×	×	○	○	やわらかく煮るか市販の水煮を使い、薄皮を取り、つぶして与えます。	冷凍しません
きなこ	△	○	○	○	初期は豆腐、白身魚、卵黄などに慣れたら少量から。	冷凍しません
豆乳	×	△	△	○	無調整のものを使いましょう。調理は中期からOK。飲むのは1歳以降に。	冷凍しません

	初期（5〜6カ月ごろ）	中期（7〜8カ月ごろ）	後期（9〜11カ月ごろ）	完了期（1歳〜1歳半ごろ）	下ごしらえ、与え方のポイント	フリージング方法
乳製品						
牛乳	×	△	△	○	そのまま飲むのは1歳以降に。	冷凍しません
生クリーム（乳脂肪100%）	×	△	○	○	植物性やコーヒー用はNG。ごく少量を時々使う程度で。	冷凍しません
プレーンヨーグルト	△	○	○	○	無糖のプレーンヨーグルトを与えます。豆腐、白身魚、卵黄などに慣れたら少量から。	冷凍しません
プロセスチーズ、粉チーズ	×	×	△	○	塩分が多いので少量から。	冷凍しません
カッテージチーズ	×	○	○	○	チーズの中では塩分・脂肪分が少ないのでおすすめ。	冷凍しません
野菜						
アスパラガス	×	△	○	○	ピーラーなどで薄皮をむきましょう。	
かぼちゃ	○	○	○	○	皮、種、わたを取り除いてゆでます。	
キャベツ	○	○	○	○	芯を取り除いてゆでます。	
きゅうり	△	○	○	○	生食ではなく加熱して与えます。	
グリンピース、そら豆	○	○	○	○	ゆでて薄皮をむきます。	
ごぼう	×	×	△	○	水にさらしてアクを抜き、すりおろすか、やわらかくゆでます。	
さつまいも	○	○	○	○	初期はエネルギー源として与えてもOK。水にさらしてアクを抜きます。	
さといも	×	△	△	○	口の周りがかぶれやすいので、少量から与えます。	
じゃがいも	○	○	○	○	初期はエネルギー源として与えてもOK。	
セロリ	×	△	△	○	筋を取り、細かく刻んでやわらかくゆでます。	
大根、かぶ	○	○	○	○	皮をむいてゆでます。大根は辛味の少ない上側を選んで。	
たけのこ（水煮）	×	×	×	△	繊維が多くアクがあるので、穂先を刻んで少量から。	冷凍しません
玉ねぎ	○	○	○	○	加熱すると甘みが出るので、しっかり加熱します。	

野菜		初期 (5〜6カ月ごろ)	中期 (7〜8カ月ごろ)	後期 (9〜11カ月ごろ)	完了期 (1歳〜1歳半ごろ)	下ごしらえ、与え方のポイント	フリージング方法
	トマト、ミニトマト	○	○	○	○	湯むきして種を取り除きます。ミニトマトはそのまま与えるとのどに詰まる可能性があるので小さく切ります。	冷凍しません
	長ねぎ	×	△	○	○	加熱すると甘みが出るので、しっかり加熱します。	
	なす	×	○	○	○	水にさらしてアクを抜き、皮をむきます。	
	にんじん	○	○	○	○	皮をむいてやわらかくゆでます。	
	にんにく、しょうが	×	×	×	△	刺激が強いので、あえて与えなくてもよい食材です。	―
	ピーマン、パプリカ	×	△	○	○	パプリカのほうが甘みがあり食べやすいです。	
	ブロッコリー	○	○	○	○	つぼみ部分をやわらかくゆでて使います。	
	ほうれん草、小松菜、チンゲン菜	○	○	○	○	青菜は葉先を。ゆでて水にさらし、アクを抜きます。	
	もやし	×	△	○	○	細かく刻んで加熱します。	
	山芋	×	×	×	△	生のものは口の周りがかぶれやすいので必ず加熱します。	
	レタス	○	○	○	○	生食ではなく加熱して与えます。	
	れんこん	×	△	△	○	水にさらしてアクを抜き、すりおろすかやわらかくゆでて。	
	きのこ類	×	×	△	○	えのき茸・しいたけ・しめじなどやわらかいものから始め、みじん切りにして使います。	
	わかめ	×	△	○	○	塩蔵わかめは塩分をしっかり抜いてから。	冷凍しません
	ひじき	×	○	○	○	水で戻し、みじん切りにします。	冷凍しません
	焼きのり、青のり	×	○	○	○	焼きのりはかみ切りにくいので小さくちぎって。	冷凍しません

		初期（5〜6カ月ごろ）	中期（7〜8カ月ごろ）	後期（9〜11カ月ごろ）	完了期（1歳〜1歳半ごろ）	下ごしらえ、与え方のポイント	フリージング方法
果物	いちご	△	○	○	○	初期はすりつぶして裏ごしします。	冷凍しません
	キウイフルーツ	×	△	△	○	アレルギーの心配があるので少量から。	冷凍しません
	バナナ	○	○	○	○	皮をむくと変色しやすいので、食べる直前にむきます。	冷凍しません
	みかん	○	○	○	○	薄皮をむいて果肉を与えます。	冷凍しません
	メロン	○	○	○	○	小さく切って与えます。	冷凍しません
	りんご	○	○	○	○	皮、芯、種を取り除いて。最初はすりおろすか、加熱して与えます。	冷凍しません
	アボカド	×	△	△	○	脂肪分が多いので少量のみ与えます。	冷凍しません
飲み物	水道水	△	△	△	△	沸騰させて冷ました湯冷ましを与えましょう。	―
	ミネラルウォーター	×	×	×	×	ミネラル分が多いのでNG。赤ちゃん用のものを。	―
	乳酸菌飲料	×	×	×	×	糖分が多いのでNG。	―
	麦茶	○	○	○	○	ノンカフェインなので初期からOK。	―
	コーヒー、ココア、紅茶	×	×	×	×	カフェインが多いのでNG。水分補給にはノンカフェインの麦茶や湯冷ましを与えます。	―
	炭酸飲料、スポーツドリンク	×	×	×	×	糖分が多いものはNG。ベビー用のイオン飲料はOKです。炭酸の刺激も強すぎるので与えません。	―
	緑茶、ウーロン茶	×	×	×	×	カフェインが多いのでNG。	―
	ベビー用果汁、野菜ジュース	△	△	△	△	糖分が多いので、与えすぎには注意しましょう。	―
調味料	塩	×	×	△	○	高塩分は腎臓に負担をかけるので、使うのは後期以降に少量から。	―
	こしょう	×	×	×	×	刺激が強いので与えなくてもよい食材。	―
	砂糖	×	×	△	○	後期から少量ずつ与えます。	―
	黒砂糖	×	×	×	△	ボツリヌス菌が混入している可能性があるので1歳以降に。	―

		初期 (5～6カ月ごろ)	中期 (7～8カ月ごろ)	後期 (9～11カ月ごろ)	完了期 (1歳～1歳半ごろ)	下ごしらえ、与え方の ポイント	フリージング 方法
調味料	しょうゆ	×	×	△	○	高塩分は腎臓に負担をかけるので、使うのは後期以降に少量から。	―
	マヨネーズ	×	×	△	○	生卵が使われているので1歳までは加熱して。	―
	みそ	×	×	△	○	高塩分は腎臓に負担をかけるので、使うのは後期以降に少量から。	―
	ケチャップ、ソース	×	×	×	○	香辛料が使われているので1歳以降に少量を。	―
	酢	×	×	×	△	刺激が強いので、1歳以降に少量を。	―
	酒、みりん	×	×	×	△	少量を使い、アルコール分をしっかりとばします。	―
	油	×	△	○	○	少量ずつ使用しましょう。	―
	バター	×	△	○	○	無塩のものを使いましょう。	―
	市販のだしの素	×	×	×	△	市販品は塩分が高いのでNG。赤ちゃん用のものを使って。	―
	はちみつ	×	×	×	△	ボツリヌス菌が混入している可能性があるので1歳以降に。	―
	メープルシロップ	×	×	△	○	甘みが強いので少量ずつ。	―

その他	ナッツ類	×	×	×	×	のどや気管に詰まるおそれがあるのでNG。	冷凍しません
	ごま	×	×	△	△	すりつぶしたものを少量から。	冷凍しません
	寒天	×	△	△	△	消化が悪いので少量ずつ与えましょう。	冷凍しません
	ゼラチン	×	×	×	×	アレルギーの心配があるのであえて与えなくてもよい食材です。	冷凍しません
	こんにゃく	×	×	×	×	のどに詰まらせるおそれがあるので与えません。	冷凍しません

PART 1

離乳食と
フリージングの
基本

赤ちゃんの月齢・成長に合わせた離乳食の進め方や必要な栄養について、
食材の下ごしらえやフリージングの方法などを詳しく解説します。

離乳食の役割は？

母乳かミルクしか口にしてこなかった赤ちゃんがそれ以外の食べ物をはじめて食べる離乳食。
離乳食には、大きく3つの役割があります。

あ〜ん

1 母乳、ミルク以外から栄養をとる

生まれてからずっと、母乳やミルクだけを飲んできた赤ちゃん。生後半年を過ぎるころになると、母乳やミルクだけでは成長に必要な栄養素がとれなくなってくるため、**ごはんや野菜、肉、魚などの食材に慣れていく準備**を始めます。それが、離乳食です。最初は嫌がったり、うまくいかなかったりするかもしれませんが、焦らず、赤ちゃんの様子を見て、進めましょう。

2 食材の味や香りを知る

人間が食べる食材には、さまざまな味、香り、食感があります。これまで液体しか口にしてこなかった赤ちゃんにとって、その感覚は未知の世界。離乳食は、そういった**食材の味や香りに慣れる大切な時期でも**あります。できるだけ多くの食材を食べさせることで、味覚や食べたいと思う意欲を育てましょう。

3 食べる楽しさを知る

食事は、人間の生活に欠かせません。これから一生続くものですから、**食事が楽しいものであるということを覚えるのにも、離乳食の期間はとても大切**です。食べさせるときは、「おいしいね」「上手に食べられたね」などと声をかけ、大人と同じ時間に食べられるようになったら、できるだけ家族で食卓を囲み、楽しい雰囲気の中で食事ができるようにしましょう。

おいしいごはん
食べたいな♪

いつから？どうやって？ 離乳食の **進め方**

❀ 5〜6カ月ごろ スタートします

赤ちゃんの体が、母乳やミルク以外のものを口にする準備が整うのは5カ月過ぎですが、ママと赤ちゃんのペースに合わせて始めましょう。おなかの調子や機嫌が悪ければ無理をせず、少し遅らせても構いません。ただし、5カ月より前はまだ体の準備が整っていないので、早めるのは避けましょう。

❀ 最初はおかゆから 始めます

赤ちゃんは消化器官が未発達なので、離乳食の最初は、消化しやすく飲み込みやすい「10倍がゆ」から始めます。慣れてきたら、野菜や果物といったビタミン・ミネラル源や、豆腐などのたんぱく質源を、食べやすいようにすりつぶし、少しずつ与えます。どの食材もはじめてあげるときには、1さじずつからスタートしましょう。

❀ 月齢はあくまでも目安です

4段階の月齢は、あくまでも目安。その時期に、本に書いてあることができていないからといって、焦る必要はまったくありません。離乳食を中断したり、食べる量や大きさが後戻りしてしまったりすることもよくあります。赤ちゃんの様子を見て、焦らず、ママと赤ちゃんのペースでゆっくり進めましょう。

❀ 成長に合わせて食材の かたさや大きさを変えます

離乳食は、スタートから完了までの期間を4段階に分けて考えます。月齢を目安に、赤ちゃんの消化能力やかむ力に合わせ、食材の大きさやかたさを少しずつ変えてステップアップしていきます。

初期

離乳食を始める5〜6カ月ごろです。食べ物を上手に飲み込めるようになってきます。

中期

離乳食に慣れてきた、7〜8カ月ごろです。食べ物を舌でつぶせるようになってきます。

後期

3回食になる9〜11カ月ごろです。口を動かして食べ物を歯ぐきでつぶせるようになってきます。

完了期

離乳食が完了に近づく、1歳〜1歳半ごろです。手づかみ食べから、食べ物をかじり取れるようになってきます。

母乳やミルクだけで育ってきた赤ちゃんが、
大人と同じように食べられるよう、1年近くかけて行うレッスン。
時期や回数はあくまで目安なので、
赤ちゃんのペースに合わせて進めましょう。

4段階の成長の目安

離乳食と母乳・ミルクのバランス	始める時期の目安	
離乳食1回 **＋** **母乳・ミルク5〜6回** 授乳タイムのうち、どこか1回を離乳食タイムに。午前中の機嫌がよいときがよいでしょう。離乳食後は母乳・ミルクを欲しがるだけあげます。	✤ 首がすわっている ✤ 大人が食べる様子をじっと見たり、口をモグモグとしたりと食べ物に興味を示す ✤ 寝返りができ、5秒以上座れる ✤ スプーンなどを口に入れても舌で押し出すことが少なくなる	**初期** （5〜6カ月ごろ）
離乳食2回 **＋** **母乳・ミルク5回** 午前1回、午後1回の授乳前に離乳食を与えます。食後の母乳・ミルクは欲しがるだけあげます。	✤ 口を閉じて食べ物を「ゴックン」と飲み込めている ✤ 離乳食に慣れてきた	**中期** （7〜8カ月ごろ）
離乳食3回 **＋** **母乳・ミルク5回** 大人と同じ1日3回、朝・昼・夕に離乳食タイムを作ります。母乳・ミルクは欲しがらなければあげなくてもOK。	✤ 「モグモグ」と口を動かして食べられるようになる ✤ 食べ物を舌と上あごでつぶせるようになる ✤ 1日2回食で食事のリズムがついてきた	**後期** （9〜11カ月ごろ）
離乳食3回 **＋** **おやつ1〜2回** 大人と同じ1日3回、朝・昼・夕に離乳食タイムを作り、その合間におやつ（補食）を組み合わせます（卒乳した場合の目安です）。	✤ 食べ物を歯ぐきでつぶしながら食べられるようになる ✤ 朝・昼・夕の3回食に慣れてきた ✤ 食べ物を手でつかんだり、自分で食べようとしている	**完了期** （1歳〜1歳半ごろ）

かたさと大きさの目安

白身魚　　にんじん　　10倍がゆ

そのまま飲み込める、なめらかにすりつぶした状態に

サラサラしているものはとろみをつけても。

白身魚　　にんじん　　7〜5倍がゆ

豆腐のかたさが目安

舌でつぶせるよう、野菜はやわらかくゆでてみじん切りに。

  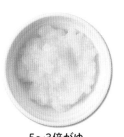

白身魚　　にんじん　　5〜3倍がゆ
または軟飯

バナナのかたさが目安

あまりやわらかいとかむ練習にならないので、歯ぐきでつぶせるくらいに調節を。

白身魚　　にんじん　　軟飯
またはごはん

ゆで卵の白身くらいのかたさが目安

歯ぐきでかめるくらいがよいでしょう。徐々に前歯でかじり取る練習もさせて。

目安量の表を参考にして、
離乳食でとりたい3つの栄養素を、
バランスよく組み合わせましょう。

離乳食の栄養バランス

**1種類を
選んだ場合の
目安です**

[1食分の目安量　早見表]

エネルギー源食材

主食となるごはん、パン、めん類などの
炭水化物です。体や脳を動かします。

パンの場合	うどんの場合	ごはんの場合	
1さじから スタート ＊10倍がゆに慣れて きたら6カ月以降に	1さじから スタート ＊10倍がゆに慣れて きたら6カ月以降に	1さじから スタート ＊すりつぶした10倍 がゆからスタート	初期（5〜6カ月ごろ）
8枚切り1/8枚	30g	7〜5倍がゆ 50〜80g	中期（7〜8カ月ごろ）
8枚切り1/4〜1/2枚	50g	5〜3倍がゆ90g または軟飯80g	後期（9〜11カ月ごろ）
8枚切り1/2〜1枚	80g	軟飯80g またはごはん80g	完了期（1歳〜1歳半ごろ）

離乳食の栄養ってどうする？

**※食材を3つの
グループに分けます**

食材を、それぞれの働きによって3つ
のグループに分けて組み合わせます。
詳しい働きは、左の表を見てみましょう。

**※1日の中でバランスを
とりましょう**

それぞれのグループから、目安量の
食材を選んで組み合わせ、1日の食
事の中でバランスがとれればOKです。

**※3回食からはとくに
栄養バランスを意識して**

3回食になると食べる量が増え、離
乳食からとる栄養も増えます。3つ
の栄養素をバランスよくとりましょう。

だんだん
増えるね!

たんぱく質源食材

魚介類、肉類、卵、大豆製品、乳製品など主菜になる食材です。骨や肉、血液のもとになります。

ビタミン・ミネラル源食材

野菜、果物、海藻類など、体の調子を整える食材です。食べやすい果物だけにかたよらないよう、野菜も積極的に取り入れましょう。

豆腐の場合	卵の場合	魚 / 肉 （例 白身魚）	野菜 / 果物 （例 にんじん）
1さじからスタート	固ゆで卵黄を耳かき1杯からスタート	白身魚1さじからスタート（肉はまだ与えません）	1さじからスタート

＊10倍がゆ、野菜などに慣れた3週目以降にスタート	＊10倍がゆ、野菜などに慣れた3週目以降にスタート	＊10倍がゆ、野菜などに慣れた3週目以降にスタート	＊10倍がゆに慣れた2週目以降にスタート

30〜40g	卵黄1個〜全卵⅓個	10〜15g	野菜、果物　20〜30g

45g	全卵½個	15g	野菜、果物　30〜40g

50〜55g	全卵½〜全卵⅔個	15〜20g	野菜、果物　40〜50g

離乳食作りとフリージングの基本

赤ちゃんの離乳食のフリージングには、いくつか気をつけたいポイントがあります。
毎日の離乳食をぐっと手軽にするために、コツを覚えましょう。

【 離乳食作りに必要な調理道具 】

離乳食作りに必要な調理器具や道具を紹介します。
必要なものをそろえましょう。

❀ 鍋
分量が少なめなので、小さい
サイズのふたつきの両手鍋を
用意します。

❀ 片手鍋
小鍋と同じく小さいサイズの
ふたつきがあると便利。

❀ フライパン
フッ素樹脂加工で、小さめのサ
イズを。

❀ すり鉢、すりこぎ
少量でもすりつぶしやすいよう
に小さめがあると便利。

❀ 計量スプーン
大さじ（15mℓ）、小さじ（5mℓ）を
用意します。

❀ おろし器
底にすべり止めがついている
と便利。

❀ こし器
ゆでた食材の水気をきったり、裏ごし
に使えます。

【 離乳食作りの基本の調理方法 】

赤ちゃんの成長やかむ力に合わせて食材の調理方法も
変えてみましょう。

❀ すりつぶす
ゆでたり蒸したりした食材をす
り鉢に入れ、最初はつぶすよう
にします。ある程度つぶれたら
すりこぎを使ってペースト状に。

❀ 裏ごす
裏ごし器やざるに食材を押し
当てて、裏ごしします。つぶした
りするよりもなめらかに仕上が
ります。

❀ すりおろす
根菜などかたさのある食材は
すりおろすと、切るよりも口当
たりがよくなります。

❀ みじん切り
繊維を断ち切って細かく刻みま
す。中期から、それぞれの月齢
に合った大きさに切りましょう。

❀ 角切り
後期以降はある程度大きさの
ある角切りで。それぞれの月齢
に合った大きさに切ります。

❀ とろみをつける
離乳食のはじめのころは、水
溶き片栗粉を加えてとろみを
つけると食べやすくなります。

とろみのつけ方
食材に湯冷ましを加えてのばした
あと、片栗粉ひとつまみを入れて
混ぜます。電子レンジで10秒加熱
して混ぜ、さらに10秒加熱して混
ぜると、簡単にとろみがつきます。

【 食材フリージングの鉄則 】

離乳食のフリージングは、雑菌を繁殖させないようにすることが大事。次の6つのポイントを守りましょう。

1 食材は新鮮なうちに冷凍

食材は買ってすぐに冷蔵庫で保管していても、どんどん鮮度が落ちてきます。新鮮なうちに加熱調理をすませ、冷凍しましょう。

2 加熱してから冷凍

食パンなどの例外を除いて、食材はゆでる、いためる、煮るなどの加熱調理をしてから冷凍します。

3 冷凍前にしっかり冷ます

加熱調理をした食材は、しっかり冷ましてから冷凍します。熱いままだと冷凍庫の温度が上がったり、蒸気が霜になって味が落ちる原因になったりします。

4 食べるときは再加熱

使うときに自然解凍すると、雑菌が繁殖しやすくなり、おいしさも逃げます。凍ったまま電子レンジや鍋に移し、加熱調理して解凍しましょう。

5 再冷凍は NG

解凍する際には、必ず雑菌が繁殖します。そのため、解凍した離乳食を再度冷凍したり冷蔵保存したりするのはやめましょう。

6 1週間で使い切る

冷凍期限の目安は1週間です。冷凍する際に、容器や袋に調理日を記入しておくとよいでしょう。

【 フリージングの道具と使い方 】

フリージングする際は、食材の量や形状に合わせ、容器や袋などをいくつか用意しておくと便利です。

シリコンカップ

おかゆやトマトソースのように半固形のものを冷凍するのに便利。冷凍したあとにカップからはずして冷凍用保存袋にまとめて保存します。またはそのまま密閉容器にカップごと入れます。

ラップ

水分の少ない固形のものは、1食分ずつ分けてラップに包み、冷凍します。冷凍庫のにおいが移らないよう、まとめて冷凍用保存袋に入れるとよいでしょう。

製氷皿

スープやだしなどの液体は製氷皿で冷凍し、凍ったら製氷皿からはずして冷凍用保存袋へ移します。冷凍前に、1個あたりの重さを量っておくとよいでしょう。

冷凍用保存袋

かぼちゃなどペースト状のものは冷凍用保存袋に入れて空気を抜き、平らにならして1食分ずつすじ目を入れます。しらす干しやゆでてほぐした魚などは、薄くならして平らにして冷凍し、1食分ずつ手で割って取り出します。

小分け容器

おかゆや野菜、汁気のあるもの、液体などを1食分ずつ冷凍します。冷凍するものを選ばず、容量もさまざまなものが販売されているので、いくつかそろえておくと便利です。冷凍、電子レンジに対応したものを選びましょう。

よく使う食材の 下ごしらえとフリージング方法

離乳食によく使う食材の下ごしらえと冷凍の方法を、月齢に合わせて紹介します。
毎日の離乳食作りに活用してください。

エネルギー源食材

ごはん、パン、めん類など、体を動かすエネルギーのもととなる、
炭水化物を多く含む食材です。

【 おかゆ・軟飯 】

おかゆは少量で作ると焦げつきやすいのでまとめて作りましょう。
できたての湯気の出ている状態で包み、冷ましてから冷凍すると、おいしさが保てます。

完了期	後期	中期	初期

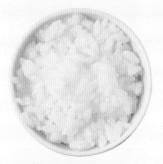 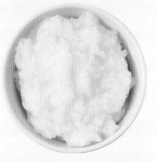 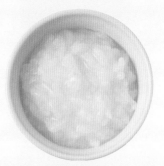 

軟飯、またはごはん

米と水、またはごはんと水で軟飯を作る（→p.31）。またはごはんを炊く。

5〜3倍がゆ、または軟飯

米と水、またはごはんと水で5〜3倍がゆ、または軟飯を作る（→p.31）。

7〜5倍がゆ

米と水、またはごはんと水で7〜5倍がゆを作る（→p.31）。

10倍がゆ

米と水、またはごはんと水で10倍がゆを作る（→p.31）。

✳フリージング方法✳

中期
後期
完了期

1食分ずつに分け、シリコンカップに入れる、小分け容器に入れるのいずれかで冷凍する。軟飯、ごはんはラップで包んでもOK。

初期

1食分ずつ製氷皿に入れて冷凍し、凍ったら冷凍用保存袋に移す。

【 うどん 】 離乳食を始めたばかりの赤ちゃんから、完了するころの子どもまで食べやすい食材です。
塩分量が多いので、必ず下ゆでしましょう。

完了期	後期	中期	初期	＊フリージング方法＊

3cm長さに切る。 1cm長さに切る。 みじん切りにする。 細かくみじん切りにして冷凍し、水を加えて解凍し、ペースト状にする。

＊10倍がゆに慣れてきた6ヵ月以降に。

1食分ずつに分け、ラップで包む。

ゆでうどんも乾麺も、やわらかくなるまで、表示時間より少し長めにゆでる。

初期

離乳食を始めたころは、みじん切りのものを冷凍し、水を加えて解凍したらすり鉢とすりこぎでなめらかになるまですりつぶす。

【 食パン 】 プレーンな食パンを選びます。油脂分や糖分の多いものは避け、
添加物の少ないものを選びましょう。

完了期	後期	中期	初期

耳を取り除き、食べやすい大きさに切る（食べられそうなら耳つきでも）。

耳を取り除き、1cm角に切る（手づかみ食べに慣れたら1cm幅に切る）。

耳を取り除いて小さくちぎり、水やミルクに浸し、加熱する。

＊10倍がゆに慣れてきた6カ月以降に。

初期中期

冷凍した食パンを使う場合はそのまますりおろせます。

＊フリージング方法＊

初期、中期は少量なので、ラップで包んで冷凍用保存袋に入れると便利。後期、完了期は食べられる量が増えてくるので、冷凍せずに常備しておくとよいでしょう。

【 そうめん 】

塩分を多く含むので、中期から。必ずやわらかくなるまでゆでてから水洗いし、冷凍しましょう。

初期	食べられません！
中期	みじん切りにする。
後期	1cm長さに切る。
完了期	3cm長さに切る。

＊フリージング方法＊

1食分ずつに分け、ラップで包む。

【 スパゲティー 】

スパゲティーはゆでる前に手で折ります。

初期	食べられません！
中期	食べられません！
後期	1cm長さに切る。
完了期	3cm長さに切る。

沸騰した湯でパッケージの表示時間より少し長めにやわらかくゆでます。

＊フリージング方法＊

1食分ずつに分け、ラップで包む。

ビタミン・ミネラル源食材

野菜や果物、海藻類など、ビタミン・ミネラルを多く含む、体の調子を整える食材です。

【 にんじん 】

色合いがきれいなにんじんは、他の食材とも合わせやすく、調理もしやすいのが魅力です。栄養もたっぷり含まれています。

完了期	後期	中期	初期	＊フリージング方法＊
			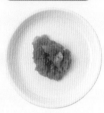	
皮をむいて1cm×1cm×3〜5cm程度のスティック状に切り、水からやわらかくゆでる。	皮をむいて5mm角に切り、水からやわらかくゆでる。	皮をむいて水からやわらかくゆで、細かくみじん切りにする。	皮をむいて水からやわらかくゆで、すりつぶす。	1食分ずつに分け、小分け容器に入れるかラップで包んで冷凍する。

【 かぼちゃ 】

甘みがあり、やわらかくゆでると赤ちゃんも食べやすい食材です。皮はレンジで加熱してから取り除くと簡単です。

やわらかくなったかぼちゃは、温かいうちにボウルに入れてマッシャーなどでつぶす。

初期 / 中期 / 後期 / 完了期

皮、種、わたを取る。やわらかくゆでるか、電子レンジで加熱し、つぶす（初期はさらにすりつぶして）。

＊フリージング方法＊

1食分ずつに分け、小分け容器に入れるかラップで包んで冷凍する。量が多い場合は、冷凍用保存袋に入れて薄く平らにならし、すじ目をつけて冷凍する。

【 ブロッコリー 】

甘みがあり、クセのない味で、ビタミン類も豊富に含まれています。かたい茎は使用せず、つぼみ部分を使いましょう。

茎は使わず、つぼみの部分だけを切り分ける。

初期	中期
やわらかくゆで、水気をきってすりつぶす。	やわらかくゆで、みじん切りにする。

後期	完了期
やわらかくゆで、粗めのみじん切りにする。	やわらかくゆで、小さく切る。

＊フリージング方法＊

1食分ずつに分け、小分け容器に入れるかラップで包んで冷凍する。

【 キャベツ 】

淡白な味わいで、他の食材にも合わせやすく、和風から洋風までどんなメニューにも使えます。
外葉とかたい芯は取り除きましょう。

完了期	後期	中期	初期

やわらかくゆで、1cm四方、または2cm長さのせん切りにする。	やわらかくゆで、5mm四方に切る。	やわらかくゆで、細かくみじん切りにする。	やわらかくゆで、すりつぶす。

＊フリージング方法＊

1食分ずつに分け、小分け容器に入れるかラップで包んで冷凍する。

【 ほうれん草・小松菜 】

鉄分やビタミン類が豊富なほうれん草、小松菜、チンゲン菜などの青菜。
やわらかい葉の部分のみを使います。

完了期	後期	中期	初期

やわらかくゆで、1cm四方に切る。	やわらかくゆで、5mm四方に切る。	やわらかくゆで、みじん切りにする。	やわらかくゆで、なめらかになるまですりつぶす。

＊フリージング方法＊

1食分ずつに分け、小分け容器に入れるかラップで包んで冷凍する。

4	3	2	1

水気をよく絞る。	冷水にとって冷ます。	沸騰した湯でやわらかくゆでる。	やわらかい葉の部分のみを切り分ける。

【 トマト 】

トマトソースにしたり、7〜8カ月ごろからは生で食べられたりとさまざまに使えるトマト。
湯むきして皮と種を取り除いておきましょう。少量の場合はミニトマトを使うと便利です。

2		1	
	横半分に切り、スプーンなどで種を取る。	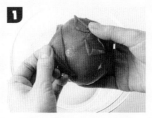	トマトは底に十字に切り目を入れ、熱湯に入れてすぐに冷水にとる。底から皮をむく。

たんぱく質源食材

筋肉や血液のもととなるたんぱく質が豊富な食材は、離乳食に使いやすい食材を選んで活用しましょう。

【 白身魚 】

たいやひらめなどの白身魚は、味も淡白で他の食材とも合わせやすいです。
脂肪分が少ないので、離乳食の最初のころから食べられます。
骨や皮のない刺身を使うと便利です。

完了期	後期	中期	初期

骨、皮、血合いを取り、ひと口大に切ってやわらかくゆでる。	やわらかくゆで、骨、皮、血合いを取り、粗めにほぐす。	やわらかくゆで、骨、皮、血合いを取り、細かくほぐす。	やわらかくゆで、骨、皮、血合いを取り、すりつぶす。

【 切り身 】

鮭などの切り身の魚は、
塩がふられていないものを選んで。
大きさは、白身魚と同じくらいに。

ゆでて中までしっかり火を通してから、皮、血合い、骨を取り除き、ほぐす。

＊フリージング方法＊

初期は少量なのでラップに包んで保存、中期、後期は冷凍用保存袋に入れて薄く平らにならし、冷凍する（使う分だけ手で割って取り出せる）。完了期は1食分ずつに分けラップで包むか、小分け容器に入れて冷凍する。

【 しらす干し 】

骨があたらず、離乳食には使いやすいしらす干し。
ただし塩分が多いので、必ず塩抜きをしましょう。

耐熱容器にしらす干しを入れ、たっぷりの熱湯で塩抜きする。漁法によりエビやカニが混ざっている場合がある。混入していたら取り除く。

完了期	後期	中期	初期

塩抜きし、そのまま使う。	塩抜きし、粗く刻む。	塩抜きし、細かく刻む。	塩抜きし、すりつぶす。

＊フリージング方法＊

初期は1食分ずつに分け、ラップで包む。中期以降は冷凍用保存袋に入れて薄く平らにならし、冷凍する（使う分だけ手で割って取り出せる）。

【鶏肉（ささみ、むね、もも）】

肉は脂肪分の少ない鶏ささみからスタート。
慣れてきたら、脂肪分が少ないむね肉、もも肉の順で食べさせます。
必ず皮は取り除きましょう。

ささみの筋はゆでたあとが取り除きやすい。

鶏肉はゆでたあと、繊維にそって細かくさく。

完了期	後期	中期	初期
			✕
やわらかくゆで、繊維にそって細かくさき、1cm長さに切る。	やわらかくゆで、繊維にそって細かくさき、5mm長さに切る。	やわらかくゆで、すりつぶす。	食べられません！

＊フリージング方法＊

1食分ずつに分けて小分け容器に入れるか、ラップで包んで冷凍する。

【ひき肉】

ひき肉は食べやすいのでおすすめです。
鶏であればむね肉やささみ、牛・豚であれば赤身のひき肉を選びましょう。

熱湯でゆで、ほぐす。

初期	食べられません！
中期	食べられません！
後期	熱湯でゆでてほぐす。
完了期	熱湯でゆでてほぐす。

＊フリージング方法＊

1食分ずつに分けて小分け容器に入れるか、ラップで包んで冷凍する。

牛肉、豚肉への進め方

牛肉や豚肉は後期以降に

後期以降になると、多少の脂肪分は消化できるようになってきます。鶏ささみや鶏むね肉に慣れてきたら、次のステップとしてチャレンジしてみましょう。

鶏肉に慣れたらステップアップ！

おいしく食べる解凍方法

冷凍した食材をおいしく食べるためには、解凍の仕方がポイント。
雑菌の繁殖を防ぐため、冷凍のまま、電子レンジなどで加熱解凍をするのが鉄則です。

2種類以上の食材は耐熱ボウルで入れて加熱

おかゆとにんじんなど、混ぜて一品を作るものは、耐熱ボウルに食材を一緒に入れて加熱します。全体に火が通っているか、よく確認しましょう。

水分の少ないものには少し水を加える

少量の食材を使う離乳食は、電子レンジで加熱すると水分が蒸発しがちです。おかゆやゆでた野菜などを解凍する場合は、少し水を加えてから加熱するとよいでしょう。

ラップはふんわりとかける

耐熱容器に食材を入れたら、ラップをかけます。ぴたっとかけてしまうと爆発してしまうことがあるので、ふんわりと空気の通り道を作るようにかけます。

加熱後はむらなく混ぜる

電子レンジの機種や食材の量、状態によって、加熱ができず、冷たいままの部分が残っていることも。加熱後は全体を混ぜて、むらがあったら電子レンジで再度、温かくなるまで加熱しましょう。

汁気のあるものは小鍋で調理も

多めのだしや野菜スープと一緒に食材を加熱するメニューは、電子レンジよりも小鍋に入れて火にかけたほうが、全体に早く火が通るので加熱しやすいです。

電子レンジの基本ルール

加熱調理や解凍に欠かせない電子レンジには、知っておきたい基本ルールがあります。

☑ 電子レンジのW数(ワット)を確認

電子レンジのW数は機種によって違うので、家庭で使っている電子レンジのW数を調べましょう。本書では、600Wの電子レンジを基準としています。500Wの場合は1.2倍、700Wの場合は0.8倍を目安に加熱しましょう。

☑ 食材は同じ大きさに切る

均一に火を通すには、同じ大きさに切ることが大切です。解凍したい食材を電子レンジのターンテーブルの端にのせると、むらが少なくなります。ターンテーブルがついていない場合は、中央に置きましょう。

☑ 耐熱ボウルは大きめのものを

加熱する際は、耐熱ボウルを使いましょう。透明なので中の食材の状態も確認しやすく、そのままつぶしたり、混ぜたりもしやすいです。吹きこぼれやすいので、少し大きめのものを使うとよいでしょう。

☑ 加熱時間は短めに

レシピには目安の加熱時間を掲載しています。使う電子レンジの機種やW数によって違うので、最初は10〜20秒短くして、様子を見ながら加熱します。加熱しすぎると、食材がかたくなるので、注意が必要です。

フリージングしない食材

フリージングしてストックした食材とフリージングせずに常備している食材を上手に組み合わせます。
以下のような食材を、適宜そろえておくとよいでしょう。

❀ 豆腐

やわらかく、赤ちゃんが食べやすい豆腐は、初期から使える食材。最初はなめらかな絹ごしを使いましょう。

❀ 卵

アレルギーを起こしやすい食材。特に注意が必要なのは白身なので、まずは黄身からスタート。しっかり加熱して与えます。

❀ ヨーグルト

消化吸収にすぐれているので、おすすめの食材。加糖ではなく、プレーン（無糖）を選びましょう。

❀ チーズ

塩分、脂肪分の少ないカッテージチーズは中期からOK。他のチーズは脂肪分、塩分が多めなので、できるだけ完了期から、少量を使いましょう。

❀ ツナ

中期以降に、食塩無添加の水煮を与えます。油漬けはNGなので、よく見て購入しましょう。食塩が入っている場合は、熱湯をかけて塩抜きを。

❀ 麩

麩は水で戻してやわらかくしてから使います。たんぱく質の補給に。小さい小町麩は、そのまま使えて便利です。

❀ 乾燥わかめ

水で戻し、スープやごはんに混ぜて使います。塩蔵わかめは塩分が強いので、よく洗い流してから。

❀ バナナ

冷温に弱いので常温で保存しましょう。甘みが強いので、赤ちゃんも好きな食材です。

❀ りんご

皮、種、芯を取り除いてから使いましょう。生の場合はすりおろして。加熱しても食べられるので、サラダやソースにも使えます。

その他の食材		調味料	
・食パン	・みかん	・ケチャップ	・片栗粉
・牛乳	・青のり	・みそ	・中濃ソース
・トマト	・かつおぶし	・しょうゆ	・バター
・ミルク	・きなこ	・砂糖	・マヨネーズ
・ひきわり納豆	・のり	・サラダ油	・パン粉
・いちご	・すりごま	・塩	

おかゆのかたさと進め方

おかゆは、離乳食をスタートして最初に食べるもので、
主食の基本となります。かたさを調節して、成長に合わせたおかゆを作りましょう。

【 おかゆの種類 】

赤ちゃんの成長の段階によって、おかゆのかたさを変えます。
かたさの移り変わりと進め方を紹介します。

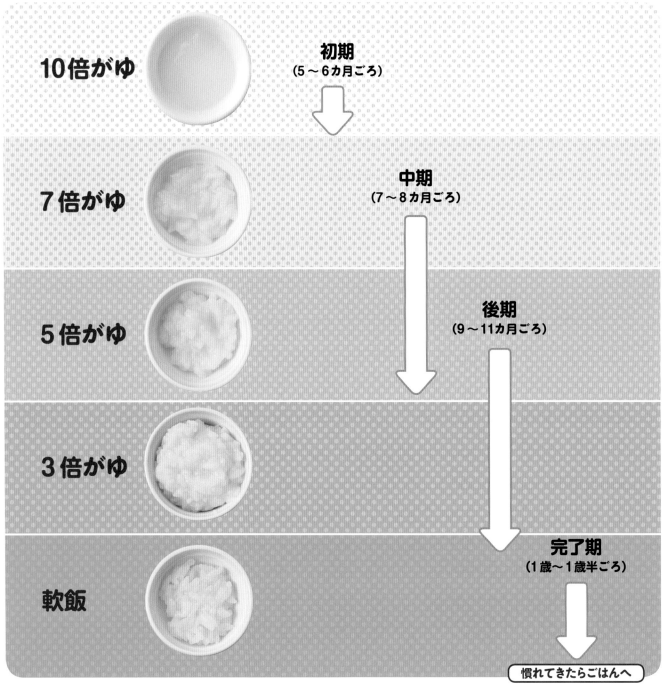

10倍がゆ

初期
（5〜6カ月ごろ）

7倍がゆ

中期
（7〜8カ月ごろ）

5倍がゆ

後期
（9〜11カ月ごろ）

3倍がゆ

完了期
（1歳〜1歳半ごろ）

軟飯

慣れてきたらごはんへ

🍲 おかゆの作り方

おかゆは米からでもごはんからでも作ることができます。
作りやすいほうで作りましょう。

|||||||||||||||||||||||||||||||||||||||||||||||||||||||||||||||

鍋での作り方 少ない分量では水分が飛びやすいので、米では0.5合、ごはんでは100g以上で作ると作りやすいです。
10倍がゆは米、ごはんともにその半量でも作ることができます。

【 米から作る 】

1 米をとぎ、厚手の鍋に入れる。分量の水を加え、30分ほど吸水させる。

2 中火にかけ、沸騰したら弱火にしてふたをのせ、50分ほど炊く。

3 火を止め、ふたをのせたまま10分ほど蒸らす。

【 ごはんから作る 】

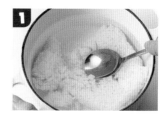
1 厚手の鍋にごはんと水を入れ、ごはんをほぐす。

2 中火にかけ、沸騰したら弱火にしてふたをのせ、20分ほど炊く。

3 火を止め、ふたをのせたまま10分ほど蒸らす。

おかゆの水加減

米から作る場合 （米：水）	ごはんから作る場合 （ごはん：水）	
1:10	1:5	10倍がゆ
1:7	1:3	7倍がゆ
1:5	1:2	5倍がゆ
1:3	1:1.5	3倍がゆ
1:2	1:1	軟飯

＊10倍がゆは粗熱が取れたら、ハンドミキサーでなめらかになるまですりつぶす（またはごはんと湯に分け、ごはんをすり鉢ですりつぶし、分けた湯をもどしてのばす）。
＊7倍がゆのはじめのうちは、ごはんの粒を軽くつぶしてもよいでしょう。

軟飯は電子レンジでも！

1 耐熱ボウルに1人分の量のごはんと水を入れ、ごはんをほぐす。

2 ラップをかけ、電子レンジで1分30秒ほど加熱する。ラップをかけたまま10分ほど蒸らす。

🍲 だし・野菜スープの作り方

ほとんど調味料を使わない離乳食では、だしや野菜スープのうまみがおいしさをアップさせます。まとめて作り、フリージングしてストックしておくと心強い食材です。

かつおだし

[材料（2カップ分）] かつおぶし…1カップ　水…2カップ

1 鍋に分量の水を入れて火にかけ、煮立ったらかつおぶしを加え、ひと煮立ちしたらアクを取り、火を止める。

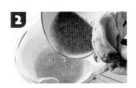

2 かつおぶしが鍋の底に沈むまでおく。ざるの上にキッチンペーパーをのせ、こす。

簡単かつおだしの作り方

> かつおだしは煮なくても作れます！

[材料（1カップ分）]
かつおぶし…½カップ　熱湯…1カップ

1 耐熱ボウルにかつおぶしを入れ、熱湯を注ぎ入れる。
2 10分ほどおき、茶こしでこす。

野菜スープ

[材料（2カップ分）]
キャベツ・玉ねぎ・にんじんなどの野菜…合わせて100g
水…2カップ

1 キャベツの芯を取り除き、玉ねぎとにんじんは皮をむき、それぞれ適当な大きさに切る。

2 鍋に水と**1**を入れて火にかけ、沸騰したら弱火にしてふたをのせ、20分ほど煮る。アクが出たら、アクを取る。

3 ざるの上にキッチンペーパーをのせ、こす。

4 残った野菜は1種類ずつ、または2〜3種混ぜ、離乳食の時期に合わせてすりつぶしたり切ったりして活用する。

かつおと昆布の合わせだし

[材料（2カップ分）]
昆布…8cm　かつおぶし…½カップ　水…2カップ

1 水気をしっかりとしぼったふきんで昆布を軽くふく。

2 鍋に昆布と水を入れ、30分ほど浸す。

3 **2**を火にかけ、沸騰直前に昆布を取り出す。

4 かつおぶしを加え、ひと煮立ちしたらアクを取り、火を止める。かつおぶしが鍋の底に沈むまでおく。

5 ざるの上にキッチンペーパーをのせ、こす。

> できあがり！

6 冷めたら製氷皿に移し、冷凍する。

昆布だし

[材料（2カップ分）]　昆布…15cm　水…2カップ

1 水気をしっかりとしぼったふきんで昆布を軽くふく。鍋に昆布と水を入れ、30分ほど浸す。

2 **1**を火にかけ、沸騰直前に昆布を取り出す。

PART 2

時期別 フリージング離乳食 のレシピ

フリージング食材を使って作れる
月曜日〜日曜日までの1週間のレシピを紹介します。

完了期 … 98

後期 … 70

中期 … 48

初期 … 34

離乳食スタート！
ゆっくり焦らずに進めましょう

この時期の離乳食は、食べ物を上手に
飲み込めるようになるのが目的です。
1日に1回、機嫌のよい午前中に始めましょう。

初期
5〜6カ月ごろ

午前中の授乳タイム1回を
離乳食タイムに

　首のすわりがしっかりして、大人が
食べる様子をじっと見たり口をモグモ
グと動かしたりと食べ物に興味が出て
きたら、離乳食開始のサイン。
1日の授乳タイムのうち、1回を離
乳食タイムと決めて、母乳やミル
クをあげる前に食べさせます。午
前中のほうが機嫌がよいことが多い
ので、おすすめです。

1日のスケジュール例

6:00	母乳・ミルク
10:00	離乳食 ＋母乳・ミルク
14:00	母乳・ミルク
18:00	母乳・ミルク
22:00	母乳・ミルク

・離乳食後は、欲しがるだけ母乳や
　ミルクを与えます。

食べさせ方

スプーンを下唇に当てて合図を

　ママのひざの上に抱っこすると、赤ちゃんも安心します。
赤ちゃん用の小さなスプーンで下唇の先に少し触れ、合図を
送ります。口を開けたらスプーンを口の中に入れ、赤ちゃん
が自分で食べ物を取り込むのを待ってから、スプーンを
抜きます。

かたさ

ポタージュ状からヨーグルト状に

　最初は飲み込みやすいよう、トロトロのポタージュ状に
します。野菜はなめらかになるまですりつぶしましょう。あま
り食べないときは、食材が食べにくい場合があります。水分
量を増やしてみたり、裏ごししたりとろみをつけたりしてみま
しょう。慣れてきたら、プレーンヨーグルトくらいのかたさに
調節していきます。

量

まずは赤ちゃん用の
スプーン1さじから

　食べ物の味や食感に慣れたり、アレルギーがないかを見極
めるため、はじめての食材は1さじから始めます（固ゆ
で卵黄は耳かき1杯から）。慣れてきたら徐々に量を増や
します。口を閉ざしたり食べるのを嫌がったりするようなら、
無理して与えなくても大丈夫です。

食材

10倍がゆから始め、
野菜や豆腐を足していきます

　最初に与えるのは、消化吸収がよく、アレルギーの心配が
少ない10倍がゆにしましょう。2週目からは、野菜のペースト、
3週目以降は豆腐などのたんぱく質を足していきます。

1食分の量の目安

きちんと飲み込む練習をする時期。食べる量は少なくても大丈夫。
赤ちゃんの様子を見て、ゆっくり進めましょう。

初期に食べられる食材

- ごはん（10倍がゆ）
- うどん（うどんがゆ）
- 食パン（パンがゆ）
- じゃがいも、さつまいも

うどんやパンは10倍がゆに慣れてきたら6カ月以降に少量から。この時期はじゃがいもやさつまいもなどはエネルギー源として与えます。

実物大

10倍がゆ

エネルギー源

米と水、またはごはんと水で10倍がゆを作り（→p.31）、なめらかになるまですりつぶしましょう。最初は1さじから始めて、徐々に増やしていきます（→p.36）。2週目以降に野菜、3週目以降にたんぱく質を組み合わせます。

- にんじん　　・かぼちゃ
- キャベツ　　・小松菜
- かぶ　　　　など

野菜はクセがなく、甘みがあるものが食べやすいです。なめらかにすりつぶせる野菜を選ぶとよいでしょう。

実物大

〈例〉　にんじん

ビタミン・ミネラル源

皮をむいてやわらかくゆでてなめらかになるまですりつぶします。2週目以降に与えましょう。解凍する際に水を加え、ペースト状にします。はじめての食材は1さじから始めましょう。食べにくそうであれば裏ごししたりとろみをつけると、食べやすくなります。

- 絹ごし豆腐
- 白身魚
- しらす干し
- 固ゆでした卵黄

白身魚はたいやすずきなどの刺身を選ぶと作りやすいです。しらす干しは脂質が少なく骨もないので食べやすいです。

実物大

〈例〉　豆腐

たんぱく質源

最初のたんぱく質源は、豆腐や白身魚、卵黄を選び、3週目以降に与えます。豆腐は絹ごし豆腐にし、電子レンジで加熱して、やわらかくすりつぶします。白身魚は皮、骨、血合いを取り除いてやわらかくゆで、細かくほぐし、解凍する際に水を加えて、ペースト状にして与えます。固ゆでした卵黄は耳かき1杯から始め、湯冷ましでのばしてペースト状にして与えます。

10倍がゆは消化吸収がよく、今まで母乳やミルクしか飲んでいなかった赤ちゃんにも、安心な食べ物です。

実物大

1日目から7日目までの進め方

離乳食最初の1週間。おかゆはフリージングして、小さじ1または小さじ2ずつストックしておきましょう。1日目は赤ちゃん用のスプーンで1さじ、2〜7日目までは2さじずつをあげます。

10倍がゆ

小さじ1×1回分＋小さじ2×6回分

[作り方]
10倍がゆを作り（→p.31）、小さじ1と小さじ2ずつ冷凍する。

各食材に合うフリージング方法をアイコンで示しています。

 製氷皿　 ラップ　 小分け容器

 冷凍用保存袋　 シリコンカップ

	量	作り方
1日目		耐熱ボウルに10倍がゆ小さじ1を入れ、水少々を加えてラップをかける。電子レンジで10〜15秒ほど温かくなるまで加熱する。
2日目		
3日目		
4日目		耐熱ボウルに10倍がゆ小さじ2を入れ、水少々を加えてラップをかける。電子レンジで15〜20秒ほど温かくなるまで加熱する。
5日目		
6日目		
7日目		

Q 離乳食を始めてから
下痢になってしまいました。
離乳食をやめたほうがいい？

A 機嫌がよく、ほかに変わった様子が
なければそのまま様子を見て

今まで、消化のよい母乳やミルクだけを飲んできた赤ちゃんが食べ物を食べ始めると、消化器官が未熟なために、下痢や便秘になることがあります。便がゆるくても、機嫌がよく、体重が増えているようなら、あまり心配しなくても大丈夫です。便秘の場合は、水分を多めにとりましょう。下痢がひどくなるようなら、医師に相談を。

Q やっぱり
アレルギーが心配です。

A はじめての食材は
「1さじから」を守りましょう

新しい食材を与えるときは、1さじずつ試しましょう。また、2種類以上の食材を食べたときにアレルギーを起こすと、どの食材が原因なのかがわからなくなってしまうので、1種類からにするのが大切です。万が一アレルギーが出てもすぐ病院に行けるよう、新しい食材は平日の午前中にあげるとよいでしょう。

Q 水分は必要？

A 無理に飲ませなくてもOK

初期は、まだ食べる量も少ないので、無理に飲ませる必要はありません。それ以降になると食べる量も増えるので、虫歯の予防のためにも水分をとらせるとよいでしょう。湯冷ましや麦茶などカフェインの含まれていない飲料を用意しておきます。湯冷ましとは、水を一度沸騰させてから冷ましたものです。

Q おかゆは
どのくらいの温度がいいの？

A 母乳やミルクと同じ、
人肌くらいが適温

おかゆや野菜などは人肌くらいに冷ましてあげましょう。フリージング食材は電子レンジなどで必ず温かくなるまで加熱してから、冷ましてください。

次の週から、
ビタミン・ミネラル類も
与えていきます！

37

10倍がゆに慣れてきたら、すりつぶした野菜にもチャレンジ！優しい味わいのものを選んで。

初期 (5〜6ヵ月) 献立例 2週目

これで1週間ぜ〜んぶ対応！ フリージング食材早見表 ❄

各食材に合うフリージング方法をアイコンで示しています。 製氷皿　ラップ　小分け容器　冷凍用保存袋　シリコンカップ

A 10倍がゆ

大さじ1×7回分

[作り方]
10倍がゆを作り（→p.31）、大さじ1ずつ冷凍する。

B にんじん

1cm
（正味12g）

2g（はじめの1さじ分）×1回分 +5g×2回分

[作り方]
皮をむいてやわらかくなるまでゆで、なめらかになるまですりつぶす。2gと5gに分けて冷凍する。

C かぼちゃ

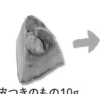

皮つきのもの10g
（正味7g）

2g（はじめの1さじ分）×1回分 +5g×1回分

[作り方]
皮、種、わたを取り、やわらかくなるまでゆで、なめらかになるまですりつぶす。2gと5gに分けて冷凍する。

D キャベツ

⅙枚
（正味7g）

2g（はじめの1さじ分）×1回分 +5g×1回分

[作り方]
芯を取り、やわらかくなるまでゆでる。なめらかになるまで、すりつぶす。2gと5gに分けて冷凍する。

※にんじん、かぼちゃ、キャベツは一緒にやわらかくなるまでゆでてもOK！

かぼちゃの甘みと
とろみが
食べやすい！

Tues day 火曜日

とろとろかぼちゃ

10倍がゆ

Mon day 月曜日

とろとろにんじん

10倍がゆ

10倍がゆ

Ⓐ 10倍がゆ

大さじ1

10倍がゆに水小さじ¼をふり、ラップをかける。電子レンジで20〜30秒加熱する。

とろとろかぼちゃ

Ⓒ かぼちゃ

2g

かぼちゃに水小さじ½をふり、ラップをかける。電子レンジで10〜20秒加熱し、混ぜる。

10倍がゆ

Ⓐ 10倍がゆ

大さじ1

10倍がゆに水小さじ¼をふり、ラップをかける。電子レンジで20〜30秒加熱する。

とろとろにんじん

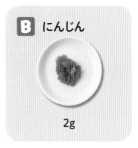

Ⓑ にんじん

2g

にんじんに水小さじ½をふり、ラップをかける。電子レンジで10〜20秒加熱し、混ぜる。

にんじんがゆ

とろとろキャベツ

10倍がゆ

にんじんがゆ

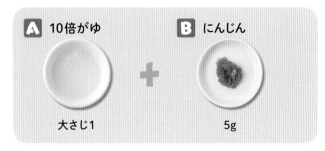

A 10倍がゆ		**B** にんじん
大さじ1	+	5g

耐熱ボウルに10倍がゆ、にんじん、水小さじ½を入れ、ラップをかける。電子レンジで30〜40秒加熱し、混ぜる。

10倍がゆ

A 10倍がゆ
大さじ1

10倍がゆに水小さじ¼をふり、ラップをかける。電子レンジで20〜30秒加熱する。

とろとろキャベツ

D キャベツ
2g

キャベツに水小さじ½をふり、ラップをかける。電子レンジで10〜20秒加熱し、混ぜる。

10倍がゆ

とろとろにんじん

緑色がきれいな
キャベツがゆ！

キャベツがゆ

とろとろかぼちゃ

10倍がゆ

10倍がゆ

A 10倍がゆ

大さじ1

10倍がゆに水小さじ¼をふり、ラップをかける。電子レンジで20〜30秒加熱する。

とろとろにんじん

B にんじん

5g

にんじんに水小さじ1をふり、ラップをかける。電子レンジで15〜20秒加熱し、混ぜる。

キャベツがゆ

A 10倍がゆ ＋ **D** キャベツ

大さじ1　　　　　　5g

耐熱ボウルに10倍がゆ、キャベツ、水小さじ½を入れ、ラップをかける。電子レンジで30〜40秒加熱し、混ぜる。

10倍がゆ

A 10倍がゆ

大さじ1

10倍がゆに水小さじ¼をふり、ラップをかける。電子レンジで20〜30秒加熱する。

とろとろかぼちゃ

C かぼちゃ

5g

かぼちゃに水小さじ1をふり、ラップをかける。電子レンジで15〜20秒加熱し、混ぜる。

次の1週間は、
おかゆと野菜以外にたんぱく質源も
取り入れます。
おうちにある豆腐も活用！

これで1週間ぜ〜んぶ対応！

フリージング食材早見表

各食材に合うフリージング方法を
アイコンで示しています。

 製氷皿　 ラップ　 小分け容器　 冷凍用保存袋　シリコンカップ

A 10倍がゆ

20g×7回分

［作り方］
10倍がゆを作り（→p.31）、20gずつ冷凍する。

B かぼちゃ

アレンジ食材
・玉ねぎ　・にんじん
・ブロッコリーの穂先

皮付き20g（正味15g）　5g×3回分

［作り方］
皮、種、わたを取り、やわらかくなるまでゆで、なめらかになるまですりつぶす。5gずつ冷凍する。

C かぶ

アレンジ食材
・キャベツ　・大根

中⅛個（正味7g）
2g（はじめの1さじ分）×1回分＋5g×1回分

［作り方］
皮をむいてやわらかくなるまでゆで、なめらかになるまですりつぶす。2gと5gに分けて冷凍する。

D 小松菜

アレンジ食材
・チンゲン菜と
ほうれん草の葉先

葉先4枚（正味7g）　2g（はじめの1さじ分）×1回分
＋5g×1回分

［作り方］
やわらかくなるまでゆで、冷水にさらす。水気をしぼり、なめらかになるまで、すりつぶす。2gと5gに分けて冷凍する。

E しらす干し

アレンジ食材
・白身魚

小さじ1と¼
小さじ¼（はじめの1さじ分）×1回分＋小さじ½×2回分

［作り方］
しらすに熱湯を注いで、5分ほどおき、水気をきる。なめらかになるまで、すりつぶす。小さじ¼と小さじ½×2回分に分けて冷凍する。

＋ フリージングしない食材

絹ごし豆腐

やわらかい豆腐は赤ちゃんが食べやすいたんぱく質源です。

固ゆで卵（黄身）

卵を固くゆで、卵黄のみを使います。

※かぼちゃとかぶは一緒にやわらかくなるまでゆでてもOK！

10倍がゆ

とろとろかぼちゃ

しらすペースト

甘みのある
かぼちゃがゆは
食べやすい！

かぼちゃがゆ

とろとろ豆腐

10倍がゆ

A 10倍がゆ
20g

10倍がゆに水小さじ¼をふり、ラップをかける。電子レンジで30〜40秒加熱する。

とろとろかぼちゃ

B かぼちゃ
5g

かぼちゃに水小さじ1をふり、ラップをかける。電子レンジで15〜20秒加熱し、混ぜる。

しらすペースト

E しらす干し
小さじ¼

しらすに水小さじ½をふり、ラップをかける。電子レンジで5秒ほど加熱し、混ぜる。

かぼちゃがゆ

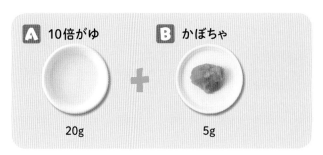

A 10倍がゆ   B かぼちゃ
20g   5g

耐熱ボウルに10倍がゆ、かぼちゃ、水小さじ½を入れ、ラップをかける。電子レンジで40〜50秒加熱し、混ぜる。

とろとろ豆腐

絹ごし豆腐…2g

絹ごし豆腐に水小さじ¼をふり、ラップをかける。電子レンジで5秒ほど加熱し、なめらかになるまですりつぶす。

しらすをのせると
いつもと違う
味わいに。

Thursday 木曜日

Wednesday 水曜日

しらすがゆ

とろとろかぶ

10倍がゆ

とろとろ小松菜

とろとろ豆腐

しらすがゆ

A 10倍がゆ
20g

E しらす干し
小さじ½

耐熱ボウルに10倍がゆ、しらす、水小さじ½を入れ、ラップをかける。電子レンジで40〜50秒加熱し、食べるときに混ぜる。

とろとろかぶ

C かぶ
2g

かぶに水小さじ½をふり、ラップをかける。電子レンジで10〜15秒加熱し、混ぜる。

10倍がゆ

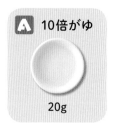

A 10倍がゆ
20g

10倍がゆに水小さじ¼をふり、ラップをかける。電子レンジで30〜40秒加熱する。

とろとろ小松菜

D 小松菜
2g

小松菜に水小さじ½をふり、ラップをかける。電子レンジで10〜15秒加熱し、混ぜる。

とろとろ豆腐

絹ごし豆腐…5g

絹ごし豆腐に水小さじ½をふり、ラップをかける。電子レンジで5〜10秒加熱し、なめらかになるまですりつぶす。

かぶ豆腐

おかゆに混ぜて
食べやすく!

Sun day 日曜日

Satur day 土曜日

とろとろかぼちゃ

Fri day 金曜日

10倍がゆ

小松菜がゆ

10倍がゆ

しらすペースト

とろとろ卵黄

10倍がゆ

A 10倍がゆ

20g

10倍がゆに水小さじ¼をふり、ラップをかける。電子レンジで30〜40秒加熱する。

かぶ豆腐

C かぶ ＋ 絹ごし豆腐
…5g

5g

耐熱ボウルにかぶ、豆腐、水小さじ1を入れ、ラップをかける。電子レンジで15〜20秒ほど温かくなるまで加熱し、すりつぶす。

小松菜がゆ

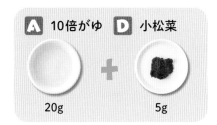

A 10倍がゆ ＋ **D** 小松菜

20g 5g

耐熱ボウルに10倍がゆ、小松菜、水小さじ½を入れ、ラップをかける。電子レンジで40〜50秒加熱し、混ぜる。

しらすペースト

E しらす干し

小さじ½

しらすに水小さじ1をふり、ラップをかける。電子レンジで10秒ほど加熱し、混ぜる。

10倍がゆ

A 10倍がゆ

20g

10倍がゆに水小さじ¼をふり、ラップをかける。電子レンジで30〜40秒加熱する。

とろとろかぼちゃ

B かぼちゃ

5g

かぼちゃに水小さじ1をふり、ラップをかける。電子レンジで15〜20秒加熱し、混ぜる。

とろとろ卵黄

固ゆで卵(黄身)…耳かき1杯

ゆで卵の黄身を細かくなるまでつぶし、湯冷まし少々を混ぜる。

3週目までで、エネルギー源、ビタミン・ミネラル源、たんぱく質源の食材が食べられるようになります。4週目以降は、これまで食べてきた食材を基本に、徐々に量を増やしていきましょう。

それぞれの食材の量を少しずつ増やしていきます

初期はまだ食べられる食材が少ないので、4週目以降は、与える量を徐々に増やしていく、という考え方で。2週目（→p.38）、3週目（→p.42）のフリージング食材早見表と献立例を参考に、アレンジ食材を取り入れながら、進めていきましょう。

[1食あたりの量の目安]

エネルギー源	10倍がゆ		
	25g（小さじ5）〜45g（大さじ3）		
ビタミン・ミネラル源	10〜15g		
たんぱく質源	絹ごし豆腐の場合	白身魚の場合	卵黄の場合
	10〜25g	5g	耳かき1杯〜½個分

※赤ちゃんは消化器官が未発達のため、たんぱく質の過剰摂取は禁物。目安量を守りましょう。
※新しい食材を与えるときは、単体で1さじからにしましょう（固ゆでした卵黄は耳かき1杯から）。
※うどんやパンは10倍がゆに慣れてきたら、6カ月以降にスタート。はじめはうどんから試しましょう。食パンには卵や牛乳が含まれている場合があるので、確認してから使いましょう。

おすすめ食材

[たんぱく質源]

白身魚

絹ごし豆腐

しらす干し

卵黄

[ビタミン・ミネラル源]

にんじん

かぼちゃ

キャベツ

かぶ

小松菜

[エネルギー源]

10倍がゆ

うどん
（うどんがゆ）

ゆでうどん10gをやわらかくなるまでゆで、みじん切りにする。なめらかになるまですりつぶし、湯冷まし大さじ2を加えてのばす。

食パン
（パンがゆ）

耐熱ボウルにすりおろした食パン（8枚切り）½枚と水大さじ2を入れ、ラップをかける。電子レンジで15〜20秒ほど温かくなるまで加熱し、汁と一緒にすりつぶす。

初期の Q&A

離乳食をはじめると、分からないことが
たくさん出てきます。そんな疑問にお答えします。

Q たくさん食べたがるのですが、欲しがるだけあげてもよい?

A 少し多めでもよいですが、たんぱく質は目安量を守って

おかゆや野菜などは、目安量より少し多めにあげても構いません。ただし、まだ赤ちゃんは消化器官が未発達なので、たんぱく質源は目安の量を守りましょう。

Q 食べ残してしまいます。次の日にあげてもいい?

A 一度口をつけたものは残っていても捨てましょう

食べ残しには唾液がついているので、雑菌が繁殖しています。口をつけたものは、残っても捨て、毎回新しいものを用意しましょう。またフリージングしたものを解凍する際にも雑菌が繁殖しているので、再冷凍や冷蔵保存は厳禁。一度に使い切る分だけ、解凍しましょう。

Q 離乳食タイムになると機嫌が悪くなります。どうしたらいい?

A 一度母乳やミルクをあげて落ち着かせましょう

離乳食のときに機嫌が悪くなるのはよくあることです。もしかしたら、おなかがすいた、のどが渇いた、というサインかもしれないので、母乳やミルクで落ち着かせてから、離乳食をあげてみましょう。

Q 一度離乳食を中断しました。また1さじから始めるべき?

A 体調不良で中断したときは1さじずつから様子を見て

なんらかの理由で、離乳食をあげられない日もあると思います。体調不良で中断したときは、赤ちゃんの様子を見て、1さじずつ再開しましょう。体調以外の理由で中断した場合は、赤ちゃんの様子を見ながら、食べやすい形状にしたものをあげましょう。

Q 口に入れたものを出してしまいます。どうすればいい?

A 食感や温度が嫌なのかも

口に入れたものを出してしまうときは、食感や舌ざわりなどが原因かも。裏ごししてなめらかにしたり、とろみをつけたりしましょう。冷たいと食べにくいので、人肌くらいに温めてあげるのもよいでしょう。でも、最初のうちはよくあることなので、あまり気にしないで。

47

1日2回の離乳食
食材の種類も量も増えます！

食べ物を上手に飲み込めるようになったら次の段階へ。
1日2回に増えて、少しかたさのあるものも、
モグモグと上手に飲み込めるようになってきます。

中期
7〜8カ月ごろ

午前と午後の2回に
増えます

　離乳食を嫌がらず、ゴックンと飲み込めるようになったら、1日2回に増やしましょう。昼前の午前中と、午後に1回ずつ、母乳やミルクの前に離乳食タイムを設けます。午後の離乳食はあまり遅くならないよう、19時ごろまでには終わらせるようにしましょう。

1日のスケジュール例

6:00	母乳・ミルク
10:00	離乳食 ＋母乳・ミルク
14:00	母乳・ミルク
18:00	離乳食 ＋母乳・ミルク
22:00	母乳・ミルク

・早朝や深夜の時間帯は避けましょう。
・離乳食後は、欲しがるだけ母乳やミルクを与えます。

食べさせ方
赤ちゃん用のいすや
ラックに座らせて

　お座りが安定してきたら、ベビー用のいすやラックに座らせましょう。自分から口を開けるのを待って、1さじずつあげ、かむ練習をさせましょう。

かたさ
舌でつぶせるかたさが目安

　舌でつぶせる豆腐くらいのかたさが目安です。モグモグとつぶしてから、飲み込むことができます。おかゆは最初は7倍がゆを与え、慣れてきたら水分を少し減らして5倍がゆに。野菜はやわらかくゆで、細かいみじん切りにします。

量
2回の離乳食は
できるだけ違うメニューで

　離乳食からとる栄養が、1日に必要な量の3分の1程度になります。エネルギー源、ビタミン・ミネラル源、たんぱく質源の食材を、バランスよく食べさせるのが理想です。2回の離乳食はできるだけ違うメニューを用意しましょう。たんぱく質は内臓に負担がかかるので、1回の目安量を超えないようにしましょう。

食材
鶏ささみや鮭などの
たんぱく質がOKに

　肉は、鶏ささみが食べられるようになります。脂身の多い鶏肉や、豚、牛などの肉はまだ食べられません。魚は、まぐろ、かつお、鮭が食べられるように。鮭は塩漬けではなく、生鮭を選びましょう。はじめての食材は1種類ずつ1さじから始めましょう。

食材の大きさと1食分の量の目安

モグモグと口を動かせるようになる時期。赤ちゃんの様子を見て、ゆっくり進めましょう。

後半 **前半**

実物大の大きさ

5倍がゆ　　　　7倍がゆ

エネルギー源

米と水、またはごはんと水で7〜5倍がゆを作ります（→p.31）。最初は7倍がゆから始め、後半に慣れてきたら5倍がゆにしていきます。量の目安は50〜80gほど。

ビタミン・ミネラル源

皮をむいてやわらかくゆで、みじん切りにします。量の目安は、野菜と果物を合わせて20〜30gです。

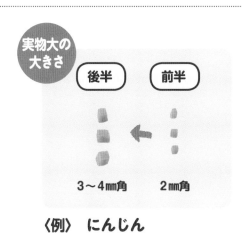

実物大の大きさ

後半	前半
3〜4mm角	2mm角

〈例〉　にんじん

実物大の量

たんぱく質源

魚は皮、骨、血合いを取り除き、ゆでて、細かくほぐします。鶏ささみはゆでてからすりつぶします。量の目安は肉、魚は10〜15g、豆腐は30〜40g、卵は卵黄1個分〜全卵⅓個分、乳製品は、50〜70gでいずれか1種類の量です。

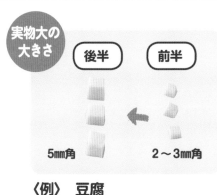

実物大の大きさ

後半	前半
5mm角	2〜3mm角

〈例〉　豆腐

実物大の量

いろいろな食材の味に触れさせたい時期。
おうちにある食材も
上手に活用しましょう。

中期 (7〜8カ月) 献立例 ❶

これで1週間ぜ〜んぶ対応！
フリージング食材早見表

各食材に合うフリージング方法をアイコンで示しています。

 製氷皿　 ラップ　 小分け容器　 冷凍用保存袋　 シリコンカップ

A 7〜5倍がゆ

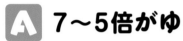

50〜80g×10回分

［作り方］
7〜5倍がゆを作り（→p.31）、1食分ずつ冷凍する。

B ブロッコリー

アレンジ食材
・にんじん
・玉ねぎ
・かぶ

½株（正味60g）

10g×6回分

［作り方］
つぼみ部分を切り分け、適当な大きさに切り、やわらかくなるまでゆでる。みじん切りにし、6等分して冷凍する。

※ブロッコリーとさつまいもは一緒にやわらかくなるまでゆでてもOK。

C さつまいも

アレンジ食材
・じゃがいも
・かぼちゃ

小¼本
（正味60g）

10g×6回分

［作り方］
皮をむいて適当な大きさに切り、ゆでてからマッシュ状になるまでつぶす。6等分するか冷凍用保存袋に薄くならして冷凍する。

D ほうれん草

アレンジ食材
・キャベツ
・白菜の葉先

½束
（正味60g）

10g×6回分

［作り方］
葉先を切り分けてやわらかくなるまでゆで、冷水にさらす。水気をしぼり、みじん切りにする。6等分して冷凍する。

E 鶏ささみ

⅗本（正味30g）

10g×3回分

［作り方］
ゆでて、筋を取ってなめらかになるまですりつぶす。3等分して冷凍する。

50

F 白身魚（たい）

アレンジ食材
・生鮭　・かつお
・まぐろ　・かじき

刺身4枚
（40g）

10g×4回分

[作り方]
ゆでて細かくほぐす。冷凍用保存袋に薄く平らにならして冷凍する（使う分だけ手で割って取り出せる）。

G 昆布だし

昆布5cm
水¾カップ

大さじ1×7個分

[作り方]
軽くふいた昆布と分量の水を鍋に入れ、30分ほど浸す。火にかけ、沸騰直前に昆布を取り出す。大さじ1ずつ製氷皿に入れて冷凍する。

＋ フリージングしない食材

食パン

常備していない場合耳を取った8枚切りの食パン⅛枚×4回分をそれぞれラップで包んで冷凍してもOK。

プレーンヨーグルト

加糖ではなく無糖のプレーンヨーグルトを選びましょう。

青のり

ふりかけるだけでOK。ミネラルが豊富です。

ひきわり納豆

熱湯をかけてぬめりを取ってからあげましょう。

トマト

皮と種は取り除きましょう。ミニトマトに代えてもOK。

かつおぶし

うまみが詰まったかつおぶし。味のアクセントに。

固ゆで卵（黄身）

卵をかたくゆで、卵黄のみを使います。

バナナ

甘みがあり赤ちゃんにも食べやすい果物です。

ミルク

粉ミルクを規定分量の湯で溶いて使いましょう。

プラス食材を上手に活用！

青のりやかつおぶしは、味のアクセントに。ごはんやうどんにかけたり、食材と和えたりと、少し味に変化が欲しいときには大活躍します。

白身魚は
おかゆに混ぜても
おいしい！

白身魚の
そぼろ

トマトとほうれん草の和え物

午後

なめらか卵黄

さつまいものマッシュ

ブロッコリーのおかゆ

午前

おかゆ

A 7〜5倍がゆ

50〜80g

7〜5倍がゆに水小さじ¼をふり、ラップをかける。電子レンジで1分20秒〜2分加熱する。

トマトとほうれん草の和え物

D ほうれん草

10g

＋トマト
…正味10g

ほうれん草に水小さじ¼をふり、ラップをかける。電子レンジで20〜30秒加熱する。トマトは湯むきして種を取り（→p.25）、みじん切りにし、ほうれん草と和える。

白身魚のそぼろ

F 白身魚

10g

白身魚に水小さじ1をふり、ラップをかける。電子レンジで20〜30秒加熱する。

ブロッコリーのおかゆ

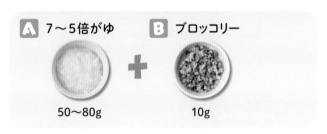

A 7〜5倍がゆ

50〜80g

B ブロッコリー

10g

耐熱ボウルに7〜5倍がゆ、ブロッコリー、水小さじ¼を入れ、ラップをかける。電子レンジで1分30秒〜2分加熱し、混ぜる。

さつまいものマッシュ

C さつまいも

10g

さつまいもに水小さじ2をふり、ラップをかける。電子レンジで20〜30秒加熱し、混ぜる。

なめらか卵黄

固ゆで卵（黄身）…1個分

ゆで卵の黄身を細かくなるまでつぶし、湯冷まし小さじ1と混ぜる。

バナナピューレ

白身魚とほうれん草のだし汁

パンがゆ

午後

ブロッコリーとトマトのおかゆ

納豆のマッシュ

午前

パンがゆ

食パン（8枚切り）…⅛枚

耐熱ボウルに耳を取って小さくちぎった食パンと水大さじ2を入れ、ラップをかける。電子レンジで30秒ほど加熱する。

白身魚とほうれん草のだし汁

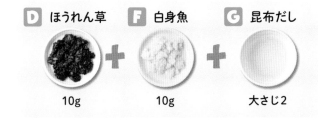

D ほうれん草	F 白身魚	G 昆布だし
10g	10g	大さじ2

［作り方］
耐熱ボウルに白身魚、ほうれん草、昆布だしを入れ、ラップをかける。電子レンジで1分30秒〜2分加熱する。

バナナピューレ

バナナ…2cm

バナナは細かくなるまでつぶす。

ブロッコリーとトマトのおかゆ

A 7〜5倍がゆ	B ブロッコリー	・トマト
50〜80g	10g	…正味10g

トマトは湯むきして種を取り（→p.25）、みじん切りにする。耐熱ボウルに7〜5倍がゆ、ブロッコリーとともに入れ、ラップをかける。電子レンジで1分30秒〜2分加熱し、混ぜる。

納豆のマッシュ

ひきわり納豆…15g

茶こしに納豆をのせ、熱湯をまわしかける。粗めにつぶす。

さつまいものミルクきんとん

ほうれん草がゆ納豆のせ

おかゆ

ブロッコリーのバナナ和え

納豆の
ほどよいとろみで
食べやすい♪

午後

とろとろささみ

午前

ほうれん草がゆ納豆のせ

Ａ 7〜5倍がゆ
50〜80g

Ｄ ほうれん草
10g

・ひきわり
納豆…15g

耐熱ボウルに7〜5倍がゆ、ほうれん草、水小さじ¼を入れ、ラップをかける。電子レンジで1分30秒〜2分加熱し、混ぜる。茶こしに納豆をのせ、熱湯をまわしかける。粗めにつぶし、ほうれん草がゆの上にのせる。

さつまいものミルクきんとん

Ｃ さつまいも
10g

・ミルク
（粉ミルクを湯で溶いたもの）
…小さじ2

耐熱ボウルにさつまいもとミルクを入れ、ラップをかける。電子レンジで20〜30秒加熱し、混ぜる。

おかゆ

Ａ 7〜5倍がゆ
50〜80g

7〜5倍がゆに水小さじ¼をふり、ラップをかける。電子レンジで1分20秒〜2分加熱する。

ブロッコリーのバナナ和え

Ｂ ブロッコリー
10g

・バナナ
…2cm

ブロッコリーに水小さじ¼をふり、ラップをかける。電子レンジで20〜30秒加熱する。バナナは細かくなるまでつぶし、ブロッコリーと和える。

とろとろささみ

Ｅ 鶏ささみ
10g

ささみに水小さじ2をふり、ラップをかける。電子レンジで20〜30秒加熱し、混ぜる。

パンのミルクがゆ

甘い風味の
パンがゆで
赤ちゃんもごきげん！

白身魚のだし煮

プレーンヨーグルト

ブロッコリーの
トマトスープ

さつまいものバナナ和え

午後

青のりがゆ

午前

パンのミルクがゆ

食パン（8枚切り）…⅛枚
ミルク（粉ミルクを湯で溶いたもの）…大さじ2

耐熱ボウルに耳を取って小さくちぎった食パンとミルクを入れ、ラップをかける。電子レンジで30秒ほど加熱する。

さつまいものバナナ和え

C さつまいも
＋ ・バナナ
…2cm
10g

さつまいもに水小さじ2をふり、ラップをかける。電子レンジで20〜30秒加熱する。バナナは細かくなるまでつぶし、さつまいもと和える。

白身魚のだし煮

F 白身魚　G 昆布だし

10g ＋ 大さじ1

耐熱ボウルに白身魚と昆布だしを入れ、ラップをかける。電子レンジで50秒〜1分10秒加熱する。

青のりがゆ

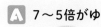
A 7〜5倍がゆ

＋ ・青のり…少々

50〜80g

7〜5倍がゆに水小さじ¼をふり、ラップをかける。電子レンジで1分20秒〜2分加熱する。青のりをふる。

ブロッコリーのトマトスープ

B ブロッコリー　G 昆布だし

＋ ＋ ・トマト
…正味10g
10g 大さじ2

トマトは湯むきして種を取り（→p.25）、みじん切りにする。耐熱ボウルにブロッコリー、昆布だしとともに入れ、電子レンジで1分20秒〜2分加熱する。

プレーンヨーグルト…50g

ほうれん草の納豆和え

緑色のおかずが
食欲を刺激！

ブロッコリーのパンがゆ

さつまいもの黄身和え

おかゆ

刻みトマト

午後

午前

Fri day 金曜日

ブロッコリーのパンがゆ

B ブロッコリー

＋
- 食パン（8枚切り）…⅛枚
- ミルク（粉ミルクを湯で溶いたもの）…大さじ2

10g

耐熱ボウルに耳を取って小さくちぎった食パン、ブロッコリー、ミルクを入れ、ラップをかける。電子レンジで50秒〜1分加熱し、混ぜる。

ほうれん草の納豆和え

D ほうれん草

＋
- ひきわり納豆…15g

10g

ほうれん草に水小さじ¼をふり、ラップをかける。電子レンジで20〜30秒加熱する。茶こしに納豆をのせ、熱湯をまわしかけて粗めにつぶし、ほうれん草と和える。

おかゆ

A 7〜5倍がゆ

50〜80g

7〜5倍がゆに水小さじ¼をふり、ラップをかける。電子レンジで1分20秒〜2分加熱する。

さつまいもの黄身和え

C さつまいも

＋
- 固ゆで卵（黄身）…1個分

10g

さつまいもに水小さじ2をふり、ラップをかける。電子レンジで20〜30秒加熱する。黄身を細かくなるまでつぶし、さつまいもと和える。

刻みトマト

トマト…正味10g

トマトは湯むきして種を取り（→p.25）、みじん切りにする。

さつまいもと
トマトの和え物

あったかバナナ

たいのうまみが
おかゆに
広がります。

ささみのほうれん草和え

たいがゆ

おかかがゆ

午後

午前

たいがゆ

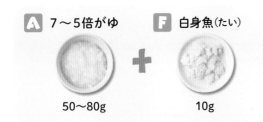

A 7〜5倍がゆ　　+　F 白身魚(たい)

50〜80g　　　　　10g

耐熱ボウルに7〜5倍がゆ、白身魚、水小さじ1を入れ、ラップをかける。
電子レンジで1分30秒〜2分加熱する。

さつまいもとトマトの和え物

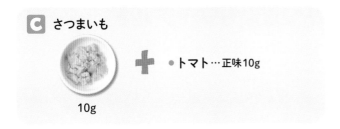

C さつまいも　　+　・トマト…正味10g

10g

さつまいもに水小さじ2をふり、ラップをかける。電子レンジで20〜
30秒加熱する。トマトは湯むきして種を取り(→p.25)、みじん切りに
する。さつまいもと和える。

おかかがゆ

A 7〜5倍がゆ　　+　・かつおぶし
　　　　　　　　　　　…少々

50〜80g

7〜5倍がゆに水小さじ¼
をふり、ラップをかける。
電子レンジで1分20秒〜2
分加熱する。かつおぶし
をのせる。

ささみのほうれん草和え

D ほうれん草　　+　E 鶏ささみ

10g　　　　　　　　10g

耐熱ボウルにほうれん草、鶏ささみ、水小さじ2を入れ、ラップをか
ける。電子レンジで40秒〜1分加熱し、和える。

あったかバナナ

バナナ…2cm

耐熱ボウルにバナナを入れ、ラップをかける。電子レンジで10秒ほど
加熱し、細かくなるまでつぶす。

パンがゆ

バナナピューレ

おかゆとスープ、
デザートもついて
大満足！

ブロッコリーとささみのスープ

午後

ほうれん草がゆ

Sun day 日曜日

さつまいもヨーグルト

午前

パンがゆ

食パン（8枚切り）…⅛枚

耐熱ボウルに耳を取って小さくちぎった食パンと水大さじ2を入れ、ラップをかける。電子レンジで30秒ほど加熱する。

ブロッコリーとささみのスープ

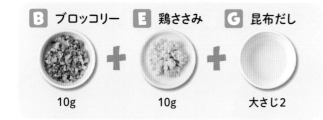

B ブロッコリー　10g
E 鶏ささみ　10g
G 昆布だし　大さじ2

耐熱ボウルにブロッコリー、鶏ささみ、昆布だしを入れ、ラップをかける。電子レンジで1分30秒〜2分加熱する。

バナナピューレ

バナナ…2cm

バナナを細かくなるまでつぶす。

ほうれん草がゆ

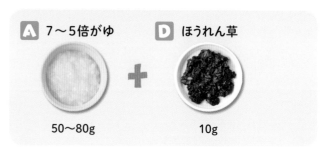

A 7〜5倍がゆ　50〜80g
D ほうれん草　10g

耐熱ボウルに7〜5倍がゆ、ほうれん草、水小さじ¼を入れ、ラップをかける。電子レンジで1分30秒〜2分加熱し、混ぜる。

さつまいもヨーグルト

C さつまいも　10g
・プレーンヨーグルト…50g

さつまいもに水小さじ1をふり、ラップをかける。電子レンジで20〜30秒加熱する。器にさつまいもを入れ、ヨーグルトをかける。

おでかけのとき離乳食はどうする？

離乳食を始めると、外出がしづらくなってしまうもの。
でも、準備をきちんとしていけば、外でも楽しい離乳食タイムを過ごすことができます。

外出先の状況を確認して出かけましょう

離乳食の時間にお出かけする場合は、お出かけ先に飲食できる場所があるか、確認をしておくとよいでしょう。外食の場合は、離乳食を持ち込んでも大丈夫か、念のため確認を。外では必ず手を洗うなど、衛生面に気をつけましょう。

手作りのものを持っていく場合は、夏場は特に衛生面に気をつけて。水分が多いおかゆなどはおすすめできません。常温保存できるバナナは、持ち運びもしやすくて便利です。

市販のベビーフードが便利です

2019年改定の厚生労働省『授乳・離乳の支援ガイド』では、保護者の離乳食作りの負担を軽減する方法のひとつとして市販のベビーフードの活用が提案されています。市販のベビーフードには、おでかけ先でもそのままで食べられるものや、主食とおかずがセットになったものなどがあります。赤ちゃんの月齢に合ったものを選び、赤ちゃんにとっては慣れない味なので、はじめて使う前に、おうちで一度食べさせるとよいでしょう。

離乳食を外で食べるときの持ち物

❇ 離乳食

市販のベビーフードは、温めたりお湯で溶かしたりする必要がないものもたくさん。主食とおかずがセットになっているものもあります。

❇ 湯冷ましや麦茶

持ち運びのできるマグに湯冷まし（水を一度沸騰させてから冷ましたもの）や麦茶を入れたり、ストローつきの麦茶などを持っていったりすると、すぐにあげられます。

❇ 食事用スタイ

手づかみ食べが始まっている時期は、食事用スタイも持っていくと安心。汚れたものを入れられるビニール袋も持っていくとよいですね。

❇ カトラリー・調理道具

携帯できるケースつきのスプーンやフォークは持ち運びに便利。また、めん類などをカットできるフードカッターがあると、大人の食事から取り分けるときに使えます。

うどんや鮭などの食材が増え

メニューのバリエーションも豊富に。

おかゆは慣れてきたら5倍がゆに！

各食材に合うフリージング方法を
アイコンで示しています。

 製氷皿　ラップ　小分け容器　冷凍用保存袋　シリコンカップ

A 7〜5倍がゆ

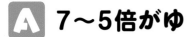

50〜80g × 9回分

[作り方]
7〜5倍がゆを作り（→p.31）、1食分ずつ冷凍する。

B ゆでうどん

中¾袋（150g）　　30g × 5回分

[作り方]
やわらかくなるまでゆで、みじん切りにする。5等分して冷凍する。

C にんじん

アレンジ食材
・かぶ　・大根

⅓本
（正味60g）　　10g × 6回分

D キャベツ

アレンジ食材
・白菜の葉先など

大1枚
（正味60g）　　10g × 6回分

E 玉ねぎ

アレンジ食材
・ブロッコリーの
穂先など

大¼個
（正味60g）　　10g × 6回分

F 野菜スープ

大さじ1 × 14個分

[C 〜 F の作り方]
にんじんは皮をむく。キャベツは芯を取る。玉ねぎは皮をむく。それぞれ適当な大きさに切り、やわらかくなるまでゆでる。それぞれみじん切りにし、6等分して冷凍する。ゆで汁を野菜スープとして、大さじ1ずつ製氷皿に入れて冷凍する。

G 生鮭

アレンジ食材
・白身魚　・かつお
・まぐろ　・かじき

切り身⅔切れ
（正味50g）

10g×5回分

［作り方］
ゆでて、皮、骨、血合いを取り、細かくほぐす。冷凍用保存袋に薄く平らにならして冷凍する（使う分だけ手で割って取り出せる）。

絹ごし豆腐

中期はなめらかな舌ざわりの絹ごし豆腐を。

**プレーン
ヨーグルト**

加糖ではなく無糖のプレーンヨーグルトを選びましょう。

小町麩

水で戻してから使います。たんぱく質補給に。

トマト

皮と種は取り除きましょう。ミニトマトに代えてもOK。

バナナ

甘みがあり赤ちゃんにも食べやすい果物です。

りんご

かたいのですりおろしてあげます。

青のり

ふりかけるだけでOK。ミネラルが豊富です。

アドバイス！

① 野菜の種類を変えると スープの味も変化！

野菜をアレンジ食材に変えると、メニューのバリエーションが広がります。さらに野菜のゆで汁を活用する野菜スープの味わいにも変化がつくので、赤ちゃんを飽きさせません。

② バナナやりんごで 気分転換！

甘い果物も食べられるようになるので、ごはんを嫌がって食べないときなどに与えると、お口の中の味わいが変わって気分転換に！

1日2回
おいしく食べるよ！

③ 食材の組み合わせを 変えて違うメニューに！

同じ食材でもおかゆやうどんと混ぜたり、豆腐に和えるだけで違うメニューになります。

おかゆ

バナナピューレ

にんじんの白和え

なめらかな白和えに
バナナピューレ
デザート！

午後

キャベツと
玉ねぎのスープ

鮭そぼろ

青のりがゆ

午前

おかゆ

A 7〜5倍がゆ

50〜80g

7〜5倍がゆに水小さじ¼をふり、ラップ
をかける。電子レンジで1分20秒〜2
分加熱する。

にんじんの白和え

C にんじん

10g

＋ ●絹ごし豆腐…30g

耐熱ボウルににんじん、粗めにつぶした豆腐、水小さじ¼を入れ、ラッ
プをかける。電子レンジで40〜50秒加熱し、和える。

バナナピューレ

バナナ…2cm

バナナは細かくなるまでつぶす。

青のりがゆ

A 7〜5倍がゆ

50〜80g

＋ ●青のり
…少々

7〜5倍がゆに水小さじ¼
をふり、ラップをかける。
電子レンジで1分20秒〜
2分加熱する。青のりを
ふる。

キャベツと玉ねぎのスープ

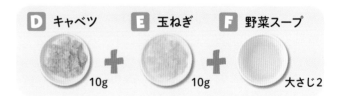

D キャベツ

10g

＋ **E** 玉ねぎ

10g

＋ **F** 野菜スープ

大さじ2

耐熱ボウルにキャベツ、玉ねぎ、野菜スープを入れ、ラップをかける。
電子レンジで1分30秒〜2分加熱する。

鮭そぼろ

G 生鮭

10g

鮭に水小さじ1をふり、ラップをかける。電
子レンジで20〜30秒加熱する。

野菜たっぷりの
おうどんは
栄養も満点！

おかゆ

野菜の鮭和え

野菜うどん

プレーンヨーグルト

午後

午前

おかゆ

A 7〜5倍がゆ

50〜80g

7〜5倍がゆに水小さじ¼をふり、ラップをかける。電子レンジで1分20秒〜2分加熱する。

野菜の鮭和え

C にんじん + **E** 玉ねぎ + **G** 生鮭

10g　　　　10g　　　　10g

耐熱ボウルに鮭、にんじん、玉ねぎ、水小さじ1を入れ、ラップをかける。電子レンジで40秒〜1分加熱し、和える。

野菜うどん

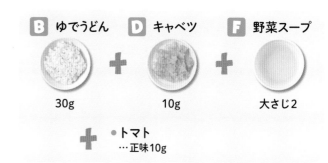

B ゆでうどん + **D** キャベツ + **F** 野菜スープ

30g　　　　10g　　　　大さじ2

+ ●トマト
…正味10g

トマトは湯むきして種を取り（→p.25）、みじん切りにする。耐熱ボウルにうどん、キャベツ、野菜スープとともに入れ、ラップをかける。電子レンジで1分30秒加熱して混ぜ、さらに30秒〜1分加熱する。

プレーンヨーグルト…50g

鮭とにんじんのうどん

刻みトマト

午後

ふわふわ食感で
食べやすい
お麩のおかゆ！

キャベツのりんご煮

お麩がゆ

午前

鮭とにんじんのうどん

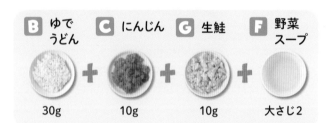

B ゆで うどん	C にんじん	G 生鮭	F 野菜 スープ
30g	10g	10g	大さじ2

耐熱ボウルにうどん、にんじん、鮭、野菜スープを入れ、ラップをかける。電子レンジで1分30秒加熱して混ぜ、さらに30秒～1分加熱する。

刻みトマト

トマト…正味10g

トマトは湯むきして種を取り（→p.25）、みじん切りにする。

お麩がゆ

A 7～5倍がゆ ＋ ●小町麩…2個

50～80g

1 麩は乾燥のまま粗めにすりおろし、水大さじ1に浸して戻す。
2 耐熱ボウルに **1** の麩を戻し汁ごと入れ、7～5倍がゆを加えてラップをかける。電子レンジで1分20秒～2分加熱し、混ぜる。

キャベツのりんご煮

D キャベツ ＋ ●りんご…正味10g

10g

りんごは皮をむき、芯、種を取ってすりおろす。耐熱ボウルにキャベツ、水小さじ1とともに入れ、ラップをかける。電子レンジで30～40秒加熱する。

赤と緑と白の
カラフルな白和えは
見た目も楽しい！

おかゆ

彩り野菜の豆腐和え

りんごヨーグルト

Thurs day 木曜日

玉ねぎの青のりうどん

午後

午前

おかゆ

A 7〜5倍がゆ

50〜80g

7〜5倍がゆに水小さじ¼をふり、ラップをかける。電子レンジで1分
20秒〜2分加熱する。

彩り野菜の豆腐和え

C にんじん ＋ **D** キャベツ ＋ ●絹ごし豆腐
…30g

10g 　　　　10g

耐熱ボウルににんじん、キャベツ、粗めにつぶした豆腐、水小さじ¼
を入れ、ラップをかける。電子レンジで50秒〜1分加熱し、和える。

玉ねぎの青のりうどん

B ゆでうどん ＋ **E** 玉ねぎ ＋ **F** 野菜スープ

30g 　　　　10g 　　　　大さじ2

＋ ●青のり…少々

耐熱ボウルにうどん、玉ねぎ、野菜スープを入れ、ラップをかける。
電子レンジで1分30秒加熱して混ぜ、さらに30秒〜1分加熱する。青
のりをふる。

りんごヨーグルト

りんご…正味10g
プレーンヨーグルト…50g

りんごは皮をむき、芯、種を取ってすりおろす。ヨーグルトの上にの
せる。

お麩と野菜のうどん

お麩でたんぱく質を
しっかり補給。
野菜も食べやすい！

午後

おかゆ

野菜と鮭の洋風スープ

午前

お麩と野菜のうどん

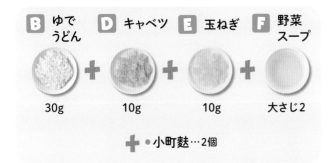

B ゆで うどん	D キャベツ	E 玉ねぎ	F 野菜 スープ
30g	10g	10g	大さじ2

+ ●小町麩…2個

1 麩は乾燥のまま粗めにすりおろし、水大さじ1に浸して戻す。
2 耐熱ボウルに**1**の麩を戻し汁ごと入れ、うどん、キャベツ、玉ねぎ、野菜スープを加えてラップをかける。電子レンジで1分30秒加熱して混ぜ、さらに30秒〜1分加熱する。

おかゆ

A 7〜5倍がゆ
50〜80g

7〜5倍がゆに水小さじ¼をふり、ラップをかける。電子レンジで1分20秒〜2分加熱する。

野菜と鮭の洋風スープ

C にんじん	G 生鮭	F 野菜スープ
10g	10g	大さじ2

+ ●トマト…正味10g

トマトは湯むきして種を取り（→p.25）、みじん切りにする。耐熱ボウルににんじん、鮭、野菜スープとともに入れ、ラップをかける。電子レンジで1分30秒〜2分加熱する。

鮭にりんごの
ほのかな
甘みを合わせて！

鮭と玉ねぎのりんご煮

おかゆ

午後

豆腐のトマト和え

にんじんがゆ

午前

おかゆ

A 7〜5倍がゆ

50〜80g

7〜5倍がゆに水小さじ¼をふり、ラップをかける。電子レンジで1分20秒〜2分加熱する。

鮭と玉ねぎのりんご煮

E 玉ねぎ ＋ **G** 生鮭 ＋ ● りんご…正味10g

10g 　　　　10g

りんごは皮をむき、芯、種を取ってすりおろす。耐熱ボウルに玉ねぎ、鮭、水小さじ1とともに入れ、ラップをかける。電子レンジで40秒〜1分加熱し、混ぜる。

にんじんがゆ

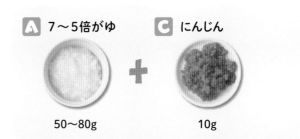

A 7〜5倍がゆ ＋ **C** にんじん

50〜80g 　　　　10g

耐熱ボウルに7〜5倍がゆ、にんじん、水小さじ¼を入れ、ラップをかける。電子レンジで1分30秒〜2分加熱し、混ぜる。

豆腐のトマト和え

トマト…正味10g
絹ごし豆腐…30g

トマトは湯むきして種を取り（→p.25）、みじん切りにする。耐熱ボウルに粗めにつぶした絹ごし豆腐と水小さじ¼を入れ、ラップをかける。電子レンジで20秒〜30秒加熱する。トマトと和える。

玉ねぎとバナナのサラダ

お麩のうどん

赤ちゃんが大好きな
バナナをサラダ仕立てに！

午後

トマトヨーグルト

キャベツがゆ

午前

お麩のうどん

B ゆでうどん ＋ **F** 野菜スープ ＋ ●小町麩…2個

30g ・ 大さじ2

1 麩は乾燥のまま粗めにすりおろし、水大さじ1に浸して戻す。
2 耐熱ボウルに**1**の麩を戻し汁ごと入れ、うどんと野菜スープを加えてラップをかける。電子レンジで1分30秒加熱して混ぜ、さらに20〜40秒加熱する。

玉ねぎとバナナのサラダ

E 玉ねぎ ＋ ●バナナ…2cm

10g

玉ねぎに水小さじ¼をふり、ラップをかける。電子レンジで20〜30秒加熱する。バナナは細かくなるまでつぶし、玉ねぎと和える。

キャベツがゆ

A 7〜5倍がゆ ＋ **D** キャベツ

50〜80g ・ 10g

耐熱ボウルに7〜5倍がゆ、キャベツ、水小さじ¼を入れ、ラップをかける。電子レンジで1分30秒〜2分加熱し、混ぜる。

トマトヨーグルト

トマト…正味10g
プレーンヨーグルト…50g

トマトは湯むきして種を取り（→p.25）、みじん切りにする。ヨーグルトの上にのせる。

中期の Q&A

少しずつ慣れてきたとはいえ、まだまだ分からないことが
たくさんの離乳食。そんなママの疑問にお答えします。

Q 母乳やミルクばかりで、あまり離乳食を欲しがりません

A 時間を調節して食べやすいタイミングにあげて

離乳食タイムにおなかがすいていないと、赤ちゃんもあまり食べてくれません。母乳やミルクとの間隔があいて、離乳食をあげるときにおなかがすいている、というのが理想です。慣れてくると、離乳食の時間、お昼寝の時間などが定まってくるので、様子を見て、一番食べそうな時間にあげましょう。

Q スタートが遅れて、7カ月からになってしまいました。中期のやり方でいい？

A はじめは初期の進め方で

離乳食を始める時期は、赤ちゃんの様子やおうちの事情によってさまざまなので、この時期から始めるという赤ちゃんもいると思います。その際には、初期のページで紹介した進め方で、少しずつ進めていきましょう。赤ちゃんの様子を見て、早めに次の段階にいけそうなら、早めてもOKです。

Q 果物は生のままであげてもいいの？

A 心配なら加熱しましょう

果物は、ほとんど生で食べられるようになります。しかしまれにアレルギーを起こすことがあります。はじめてあげるときは、必ず1さじだけあげて様子を見ましょう。

Q 食べたり食べなかったりの差が激しいのですが…

A 体調が悪くなければ、様子を見ましょう

まだまだこの時期は、食べむらがあります。無理に食べさせようとすると食べることが嫌いになってしまうこともあるので、焦らず、食べればいいなくらいの気持ちでいると、ママも楽になります。調理法や食材を新しくしてみたりして気分を変えてみるのもひとつの手です。

Q うんちに野菜が粒のまま出てきたけれど、大丈夫？

A 食物繊維は消化されにくいので出てきても大丈夫です

食物繊維が多いにんじん、ほうれん草、わかめなどは、そのままの形状でうんちに混ざって出てくることがよくあります。消化不良というわけではなく、消化されないまま出てきているだけなので、赤ちゃんの機嫌や様子に変わったところがなければ、そのまま離乳食を続けてよいでしょう。

Q 歯が生えてきたら、少しかたいものをあげても大丈夫？

A 舌でつぶせるくらいを目安に

前歯が生えてきても、歯でかむことはまだまだ難しいので、舌でつぶせるかたさのままにしましょう。モグモグと食べる練習をするのが、この時期の目的です。

1日3回の離乳食
生活リズムも整ってきます

食べ物を歯ぐきでかめるようになるこの時期。
1日3回、朝・昼・夕の離乳食タイムで生活リズムがつき始め、
自分で食べたいという気持ちも出てきます。

後期
9〜11カ月ごろ

1日3回に増えます

　モグモグと口を動かして、上手に食べられるようになったら、朝・昼・夕と大人と同じように1日3食を食べるようにします。3回の食事の間隔は3〜4時間あけ、3回目の離乳食は午後7時ごろまでに終えるようにしましょう。
慣れてきたら、徐々に一緒の時間に食べられるよう、調節し、楽しい雰囲気の中で食事ができるようにしましょう。

1日のスケジュール例

6:00	母乳・ミルク
10:00	離乳食 ＋母乳・ミルク
14:00	離乳食 ＋母乳・ミルク
18:00	離乳食 ＋母乳・ミルク
22:00	母乳・ミルク

・離乳食後に母乳やミルクを欲しがらないようなら、あげなくてもよいでしょう。
・離乳食の間隔は3〜4時間あけましょう。

食べさせ方
手づかみ食べにもチャレンジ

　自分で食べたいという気持ちが芽生える時期です。食べ物に手をのばしたり、つかんで口に運ぼうとしてきたら、つかみやすいものを1品用意して、積極的に自分で食べさせましょう。

かたさ
歯ぐきでつぶせるかたさが目安

　歯ぐきでつぶせるバナナくらいのかたさが目安です。ごはんは5倍がゆから始め、慣れてきたら3倍がゆ、軟飯とステップアップしていきます。あまりやわらかすぎる食材ばかりだと、かむ練習にならないので注意しましょう。

量
不足しがちな鉄分を補って

　この時期は母乳やミルクの量も減り、1日に必要な栄養の3分の2を離乳食からとるようになります。また、赤ちゃんは、ママのおなかの中にいるときに鉄分をためて生まれてきますが、生後7〜8カ月ごろになると、体内の鉄分量が減ってきます。そのため、まぐろや豆腐、納豆など鉄分を含む食材を意識的にとりましょう。

食材
肉や魚など
食べられる食材がぐんと増える

　豚肉や牛肉の脂身の少ない赤身、さんまやあじなどの青背魚も食べられるようになります。とはいえ、消化器官はまだ未発達なので、塩分や脂肪分が多いものは避けましょう。魚の骨はしっかり取り除きます。風味づけ程度に、少量の調味料を使い始めてもよいです。

食材の大きさと1食分の量の目安

後半　前半

実物大の大きさ

3倍がゆ
90g

5倍がゆ
90g

エネルギー源

米と水、またはごはんと水で5〜3倍がゆを作ります（→p.31）。最初は5倍がゆから始め、後半に慣れてきたら3倍がゆ、軟飯にしていきます。量の目安は5〜3倍がゆは90g、軟飯は80gほど。

ビタミン・ミネラル源

皮をむいてやわらかくゆで、5〜8mm角程度に切ります。量の目安は、野菜と果物を合わせて30〜40gです。

実物大の大きさ

後半　前半

実物大の量

7〜8mm角　5mm角

〈例〉　にんじん

30g

たんぱく質源

魚はやわらかくゆでて、粗くほぐします。量の目安は、肉・魚は15g、豆腐は45g、卵は全卵½個分、乳製品は80gでいずれか1種類での量になります。

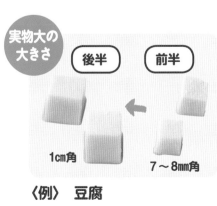

実物大の大きさ

後半　前半

1cm角　7〜8mm角

〈例〉　豆腐

実物大の量

野菜やたんぱく質の種類も量も豊富に。
2種類の食材で作るスープは
アレンジができるので便利です。

各食材に合うフリージング方法を
アイコンで示しています。

 製氷皿　 ラップ　 小分け容器　 冷凍用保存袋　シリコンカップ

A 5〜3倍がゆ（または軟飯）

90g（または軟飯80g）× 11回分

［作り方］
5〜3倍がゆ（または軟飯）を作り（→p.31）、1食分ずつ冷凍する。

B ゆでうどん

アレンジ食材
・そうめん

大1袋（250g）　→　50g × 5回分

［作り方］
やわらかくなるまでゆで、1cm長さに切る。5等分して冷凍する。

C かぼちゃ

アレンジ食材
・さつまいも
・じゃがいも

皮つき100g
（正味75g）　→　15g × 5回分

［作り方］
皮、種、わたを取り、やわらかくなるまでゆで、マッシュ状になるまでつぶす。5等分して冷凍する。

D えのき茸

アレンジ食材
・しいたけ
・しめじ

小1袋
（正味90g）　→　15g × 6回分

［作り方］
根元を切り落とし、やわらかくなるまでゆで、5mm長さに切る。6等分して冷凍する。

E かぶ

アレンジ食材
・にんじん
・玉ねぎ
・大根

中1と½個（正味90g）　→　15g × 6回分

［作り方］
皮をむき、やわらかくなるまでゆでて5mm角程度に切る。6等分して冷凍する。

F チンゲン菜

アレンジ食材
・キャベツ
・小松菜とほうれん草の葉先

2株
（正味90g）　→　15g × 6回分

［作り方］
葉先を切り分け、やわらかくなるまでゆで、冷水にさらす。水気をしぼり、5mm四方程度に切る。6等分して冷凍する。

※かぼちゃ、かぶ、えのき茸は一緒にやわらかくなるまでゆでてもOK!

G あじ

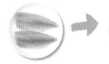 →

アレンジ食材
・白身魚 ・かつお
・まぐろ ・かじき
・生鮭

3枚おろし2枚
（正味75g）

15g×5回分

[作り方]
皮、骨、血合いを取ってゆで、粗めにほぐす。冷凍用保存袋に薄く平らにならして冷凍する（使う分だけ手で割って取り出せる）。

H 豚赤身ひき肉

 →

アレンジ食材
・鶏ささみ
・牛赤身肉
・鶏むね肉（皮なし）

75g

15g×5回分

[作り方]
ゆでて、細かくほぐす。5等分して冷凍する。

I 白菜と玉ねぎのスープ

白菜の葉先100g（白菜4枚分の葉先） 玉ねぎ中½個 水2カップ

1食分×6回分

[作り方]
白菜と皮をむいた玉ねぎはみじん切りにし、分量の水が沸騰したら入れてふたをのせ、やわらかくなるまで煮る。6等分して冷凍する。

J だし

※昆布だし、かつおだし、合わせだしのどれでもOK。

大さじ1×17個分

[作り方]
だしを作り（→p.32）、大さじ1ずつ製氷皿に入れて冷凍する。

＋ フリージングしない食材

食パン
耳を取ってひと口サイズに切りましょう。

プレーンヨーグルト
加糖ではなくプレーンヨーグルトを選びましょう。

ひきわり納豆
熱湯をかけてぬめりを取ってからあげましょう。

小町麩
水で戻してから使います。たんぱく質補給に。

卵
ゆで卵の場合、かたくゆでてあげます。

牛乳
1歳までは加熱して与えます。カルシウムの補給に。

トマト
皮と種は取りましょう。ミニトマトに代えてもOK！

みかん
薄皮をむいてからあげましょう。

かつおぶし
うまみが詰まったかつおぶし。味のアクセントに。

青のり
ふりかけるだけでOK。ミネラルが豊富です。

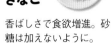
きなこ
香ばしさで食欲増進。砂糖は加えないように。

ひと口パン

食パン（8枚切り）…¼〜½枚

食パンは耳を取り、1cm角に切る（手づかみ食べに慣れてきたら、1cm幅のスティック状に切ってもよい）。

えのきのだし汁

D えのき茸 15g

J だし 大さじ2

耐熱ボウルにえのき茸とだしを入れ、ラップをかける。電子レンジで1分20秒〜1分40秒加熱する。

かぼちゃヨーグルト

C かぼちゃ 15g

・プレーンヨーグルト…80g

かぼちゃに水小さじ½をふり、ラップをかける。電子レンジで20〜30秒加熱する。ヨーグルトをかける。

おかかがゆ

A 5〜3倍がゆ
90g（または軟飯80g）

＋ ・かつおぶし…少々

5〜3倍がゆに水小さじ¼をふり、ラップをかける。電子レンジで1分40秒〜2分加熱する。上にかつおぶしをのせる。

白菜と玉ねぎのスープ

I 白菜と玉ねぎのスープ 1食分

白菜と玉ねぎのスープにラップをかける。電子レンジで2分〜2分30秒加熱する。

豚そぼろ

H 豚赤身ひき肉 15g

豚赤身ひき肉に水小さじ1をふり、ラップをかける。電子レンジで20〜30秒加熱する。

えのきとかぶで
うまみたっぷり。
あじをのせても!

Tues day 火曜日

えのきとかぶの
おかゆ

ほぐしあじ

朝

納豆青のり風味

コロコロトマト

チンゲン菜うどん

夕

えのきとかぶのおかゆ

A 5〜3倍がゆ **+** **D** えのき茸 **+** **E** かぶ

90g(または軟飯80g)　　　15g　　　15g

耐熱ボウルに5〜3倍がゆ、えのき茸、かぶ、水小さじ¼を入れ、ラップをかける。電子レンジで2分〜2分30秒加熱し、混ぜる。

ほぐしあじ

G あじ

15g

あじに水小さじ1をふり、ラップをかける。電子レンジで20〜30秒加熱する。

チンゲン菜うどん

B ゆでうどん **+** **F** チンゲン菜 **+** **J** だし

50g　　　15g　　　大さじ4

小鍋に水大さじ2、だし、うどん、チンゲン菜を入れて加熱する。

納豆青のり風味

ひきわり納豆…20g
青のり…少々

茶こしに納豆をのせ、熱湯をまわしかける。青のりをふる。

コロコロトマト

トマト…正味15g

トマトは湯むきして種を取り(→p.25)、8mm角程度に切る。

ひと口みかん

チンゲン菜のそぼろ煮

ひと口パン

お麩と野菜の
スープうどん

具入りのスープに
うどんを入れるだけで
とっても簡単！

夕

昼

ひと口パン

食パン（8枚切り）…¼〜½枚

食パンは耳を取り、1cm角に切る（手づかみ食べに慣れてきたら、1cm幅のスティック状に切ってもよい）。

チンゲン菜のそぼろ煮

F チンゲン菜	H 豚赤身ひき肉	J だし
15g	15g	大さじ1

耐熱ボウルにチンゲン菜、豚赤身ひき肉、だしを入れ、ラップをかける。
電子レンジで1分〜1分20秒加熱する。

ひと口みかん

みかん…2房

みかんは薄皮をむき、ひと口サイズに切る。

お麩と野菜のスープうどん

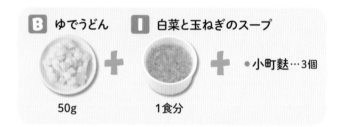

B ゆでうどん	I 白菜と玉ねぎのスープ	
50g	1食分	・小町麩…3個

麩を水で戻し、8mm角程度に切る。小鍋に水大さじ2、白菜と玉ねぎのスープ、うどんとともに入れて加熱する。

ひとロパン

野菜とあじの青のり汁

コロコロゆで卵

えのきとかぶのうどん

具だくさんで
食感が楽しい！
食べやすい！

昼

朝

ひと口パン

食パン（8枚切り）…¼〜½枚

食パンは耳を取り、1cm角に切る（手づかみ食べに慣れてきたら、1cm幅のスティック状に切ってもよい）。

野菜とあじの青のり汁

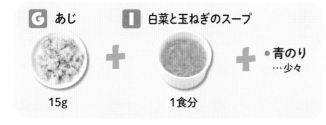

G あじ	I 白菜と玉ねぎのスープ	・青のり …少々
15g	1食分	

耐熱ボウルにあじと白菜と玉ねぎのスープを入れ、ラップをかける。電子レンジで2分20秒〜2分40秒加熱する。青のりをふる。

えのきとかぶのうどん

B ゆでうどん	D えのき茸	E かぶ	J だし
50g	15g	15g	大さじ4

小鍋に水大さじ2、だし、うどん、えのき茸、かぶを入れて加熱する。

コロコロゆで卵

固ゆで卵…½個分

ゆで卵を5mm角に切る。

きなこヨーグルト

ひとロパン

チンゲン菜とえのき茸の
おかか和え

朝

トマトがゆ

マッシュのかぼちゃは
手づかみ食べに
ぴったり！

豚肉入り
かぼちゃの茶巾

夕

Thurs
day 木曜日

ひとロパン

食パン（8枚切り）…¼～½枚

食パンは耳を取り、1cm角に切る（手づかみ食べに慣れてきたら、1cm
幅のスティック状に切ってもよい）。

チンゲン菜とえのき茸の
おかか和え

D えのき茸　　F チンゲン菜　　●かつおぶし
…少々

15g　　　　　15g

耐熱ボウルにえのき茸、チンゲン菜、水小さじ¼を入れ、ラップをか
ける。電子レンジで40秒～1分加熱し、かつおぶしと和える。

きなこヨーグルト

プレーンヨーグルト…80g
きなこ…少々

ヨーグルトにきなこをふる。

トマトがゆ

A 5～3倍がゆ　　●トマト…正味15g

90g（または軟飯80g）

トマトは湯むきして種を取り（→p.25）、ざく切りにする。耐熱ボウル
に5～3倍がゆ、水小さじ¼とともに入れ、ラップをかける。電子レン
ジで1分40秒～2分加熱し、混ぜる。

豚肉入りかぼちゃの茶巾

C かぼちゃ　　H 豚赤身ひき肉

15g　　　　　15g

耐熱ボウルにかぼちゃ、豚赤身ひき肉、水小さじ½を入れ、ラップを
かける。電子レンジで40秒～1分加熱し、混ぜる。4等分にしてラッ
プに包み、上をしぼる。

あじのおかゆ

かぶの納豆和え

かぼちゃの甘みで
いつものおかゆに
変化を。

かぼちゃがゆ

野菜のミルクスープ

夕

昼

あじのおかゆ

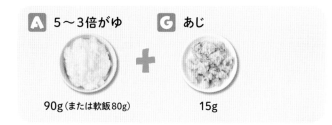

A 5〜3倍がゆ **G** あじ

90g（または軟飯80g） 15g

耐熱ボウルに5〜3倍がゆ、あじ、水小さじ¼を入れ、ラップをかける。電子レンジで2分〜2分20秒加熱する。

野菜のミルクスープ

I 白菜と玉ねぎのスープ

●牛乳…小さじ2

1食分

耐熱ボウルに白菜と玉ねぎのスープと牛乳を入れ、ラップをかける。電子レンジで2分〜2分30秒加熱する。

かぼちゃがゆ

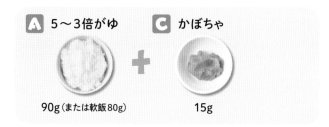

A 5〜3倍がゆ **C** かぼちゃ

90g（または軟飯80g） 15g

耐熱ボウルに5〜3倍がゆ、かぼちゃ、水小さじ¼を入れ、ラップをかける。電子レンジで2分〜2分20秒加熱し、混ぜる。

かぶの納豆和え

E かぶ

●ひきわり納豆…20g

15g

かぶに水小さじ¼をふり、ラップをかける。電子レンジで20〜30秒加熱する。茶こしに納豆をのせ、熱湯をまわしかけ、かぶと和える。

ひとロみかん

ひとロパン

卵も入った
とろ〜りなめらかな
ココット！

おかゆ

かぼちゃと卵の
ココット焼き

野菜と豚肉の
煮物

昼

朝

おかゆ

A 5〜3倍がゆ

90g（または軟飯80g）

5〜3倍がゆに水小さじ¼をふり、ラップをかける。電子レンジで1分40秒〜2分加熱する。

野菜と豚肉の煮物

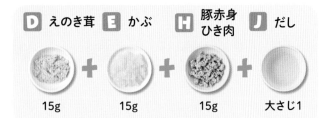

D えのき茸　**E** かぶ　**H** 豚赤身ひき肉　**J** だし

15g　15g　15g　大さじ1

耐熱ボウルにえのき茸、かぶ、豚赤身ひき肉、だしを入れ、ラップをかける。電子レンジで1分20秒〜1分40秒加熱する。

ひとロパン

食パン（8枚切り）…¼〜½枚

食パンは耳を取り、1cm角に切る（手づかみ食べに慣れてきたら、1cm幅のスティック状に切ってもよい）。

かぼちゃと卵のココット焼き

C かぼちゃ

15g

＋　・全卵…½個分

1 かぼちゃに水小さじ¼をふり、ラップをかける。電子レンジで20〜30秒加熱する。

2 1に溶いた卵を加えて混ぜ、ココット皿に流し入れる。アルミホイルをのせ、オーブントースターで卵にしっかりと火が通るまで焼く。アルミホイルを取り、少し焼き色がつくまでさらに焼く。

ひとロみかん

みかん…2房

みかんは薄皮をむき、ひと口サイズに切る。

あじとかぶの雑炊

おかゆ

納豆汁

緑と赤の野菜に
お麸も入って
栄養たっぷり！

野菜とお麸の洋風うどん

昼　朝　夕

あじとかぶの雑炊

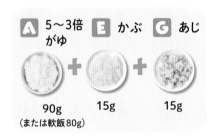

Ⓐ 5〜3倍がゆ　Ⓔ かぶ　Ⓖ あじ

90g
（または軟飯80g）　15g　15g

耐熱ボウルに5〜3倍がゆ、かぶ、あじ、水小さじ1を入れ、ラップをかける。電子レンジで2分〜2分30秒加熱し、混ぜる。

かぼちゃのポタージュ

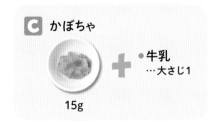

Ⓒ かぼちゃ

・牛乳
…大さじ1

15g

耐熱ボウルにかぼちゃと牛乳を入れ、ラップをかける。電子レンジで30〜40秒加熱し、混ぜる。

おかゆ

Ⓐ 5〜3倍がゆ

90g（または軟飯80g）

5〜3倍がゆに水小さじ¼をふり、ラップをかける。電子レンジで1分40秒〜2分加熱する。

納豆汁

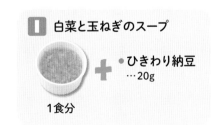

Ⓘ 白菜と玉ねぎのスープ

・ひきわり納豆
…20g

1食分

白菜と玉ねぎのスープにラップをかける。電子レンジで2分〜2分30秒加熱する。茶こしに納豆をのせ、熱湯をまわしかけ、スープに加えて混ぜる。

野菜とお麸の
洋風うどん

Ⓑ ゆでうどん　Ⓕ チンゲン菜　Ⓙ だし

50g　15g　大さじ4

・トマト…正味15g
・小町麸…3個

1　麸を水で戻し、8mm角程度に切る。トマトは湯むきして種を取り（→p.25）、ざく切りにする。

2　小鍋に水大さじ2、だし、うどん、チンゲン菜、1のトマトと麸を入れて加熱する。

おかゆ

ヨーグルトの
トマトのせ

えのきの
青のり和え

朝

豚肉のおかゆ

挽き肉は
おかゆに混ぜると
食べやすい！

みかんと
チンゲン菜の和え物

夕

おかゆ

A 5〜3倍がゆ

90g（または軟飯80g）

5〜3倍がゆに水小さじ¼をふり、ラップをかける。電子レンジで1分40秒〜2分加熱する。

えのきの青のり和え

D えのき茸

+ ・青のり
　…少々

15g

えのき茸に水小さじ¼をふり、ラップをかける。電子レンジで20〜30秒加熱する。青のりと和える。

ヨーグルトのトマトのせ

トマト…正味15g
プレーンヨーグルト…80g

トマトは湯むきして種を取り（→p.25）、8mm角程度に切る。ヨーグルトの上にのせる。

豚肉のおかゆ

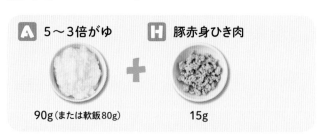

A 5〜3倍がゆ

90g（または軟飯80g）

H 豚赤身ひき肉

15g

耐熱ボウルに5〜3倍がゆ、豚赤身ひき肉、水小さじ1を入れ、ラップをかける。電子レンジで2分〜2分20秒加熱し、混ぜる。

みかんとチンゲン菜の和え物

F チンゲン菜

+ ・みかん…2房

15g

チンゲン菜に水小さじ¼をふり、ラップをかける。電子レンジで20〜30秒加熱する。みかんは薄皮をむいてひと口サイズに切り、チンゲン菜と和える。

82

野菜スープのうどんに納豆をのせて、栄養も完ぺき！

野菜の納豆うどん

かぶのおかゆ

あじとチンゲン菜の
だし煮

夕

昼

野菜の納豆うどん

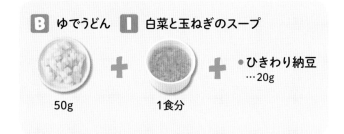

B ゆでうどん **I** 白菜と玉ねぎのスープ

50g ＋ 1食分 ＋ •ひきわり納豆
…20g

小鍋に水大さじ2、白菜と玉ねぎのスープ、うどんを入れて加熱する。
茶こしに納豆をのせ、熱湯をまわしかけ、うどんの上にのせる。

かぶのおかゆ

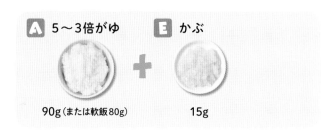

A 5〜3倍がゆ **E** かぶ

90g（または軟飯80g） ＋ 15g

耐熱ボウルに5〜3倍がゆ、かぶ、水小さじ¼を入れ、ラップをかける。
電子レンジで2分〜2分20秒加熱する。

あじとチンゲン菜のだし煮

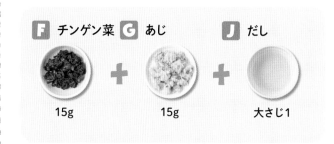

F チンゲン菜 **G** あじ **J** だし

15g ＋ 15g ＋ 大さじ1

耐熱ボウルにチンゲン菜、あじ、だしを入れ、ラップをかける。電子
レンジで1分〜1分20秒加熱する。

離乳食にもだいぶ慣れてきたころ。
野菜はまとめてゆでて、ゆで汁を
フリージングすると楽チン！

後期 （9〜11か月）献立例 ②

これで1週間ぜ〜んぶ対応！ フリージング食材早見表

各食材に合うフリージング方法を
アイコンで示しています。

 製氷皿　 ラップ　 小分け容器　 冷凍用保存袋　シリコンカップ

A 5〜3倍がゆ（または軟飯）

90g（または軟飯80g）× 10回分

［作り方］
5〜3倍がゆ（または軟飯）を作り（→p.31）、1食分ずつ冷凍する。

B そうめん

アレンジ食材
・ゆでうどん

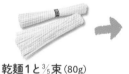

乾麺1と³/₅束（80g）　　1食分×4回分

［作り方］
1cm長さに切り、やわらかくなるまでゆでる。よく水洗いし、4等分して冷凍する。

C キャベツ

アレンジ食材
・白菜の葉先
・玉ねぎ

中2枚
（正味90g）　　15g×6回分

D ブロッコリー

アレンジ食材
・にんじん
・かぶ
・大根

³/₄株
（正味90g）　　15g×6回分

E じゃがいも

アレンジ食材
・さつまいも
・かぼちゃ

小1個
（正味90g）　　15g×6回分

F 野菜スープ

大さじ1×12個分

［C〜Fの作り方］
キャベツは芯を取る。ブロッコリーはつぼみ部分を切り分ける。じゃがいもは皮をむく。それぞれ適当な大きさに切り、やわらかくなるまでゆでる。キャベツは5mm四方、ブロッコリーは粗めのみじん切り、じゃがいもはマッシュ状になるまでつぶし、6等分して冷凍する。ゆで汁を野菜スープとして、大さじ1ずつ製氷皿に入れて冷凍する。

 にんじんと大根のだし汁

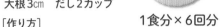

にんじん⅓本
大根3cm　だし2カップ

1食分×6回分

アレンジ食材
・玉ねぎ＆えのき茸
・かぶ＆しめじ

[作り方]
にんじんと大根は皮をむいて5mm角程度に切る。だしと一緒に火にかけ、煮立ったらふたをのせ、やわらかくなるまで煮て、6等分して冷凍する。

鶏むね肉

アレンジ食材
・鶏ささみ
・豚赤身肉
・牛赤身肉

小⅓枚（皮なし）
（75g）

15g×5回分

[作り方]
ゆでて、細かくさき、5mm長さに切る。5等分して冷凍する。

まぐろ

アレンジ食材
・かつお　・生鮭
・かじき　・あじ

刺身6枚（60g）

15g×4回分

[作り方]
ゆでて、粗めにほぐす。冷凍用保存袋に薄く平らにならして冷凍する（使う分だけ手で割って取り出せる）。

しらす

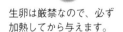

40g

10g×4回分

[作り方]
耐熱ボウルにしらすと熱湯を入れ、5分ほどおき、水気をきる。粗く刻む。冷凍用保存袋に薄く平らにならして冷凍する（使う分だけ手で割って取り出せる）。

＋ フリージングしない食材

食パン
耳を取ってひと口サイズに切りましょう。

卵
生卵は厳禁なので、必ず加熱してから与えます。

豆腐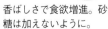
絹ごし、木綿、どちらでもOK！

小町麩
水で戻してから使います。たんぱく質補給に。

トマト
皮と種は取り除きましょう。ミニトマトに代えてもOK。

バナナ
甘みがあり赤ちゃんにも食べやすい果物です。

カッテージチーズ
低脂肪で高たんぱく。おすすめの食材です。

乾燥わかめ
水で戻しみじん切りに。ミネラル豊富です。

かつおぶし
うまみが詰まったかつおぶし。味のアクセントに。

青のり
ふりかけるだけでOK。ミネラルが豊富です。

きなこ
香ばしさで食欲増進。砂糖は加えないように。

エッグポテト

ひとロパン

コロコロ食材で
手づかみ食べ
しやすい！

コロコロトマト

昼

おかゆ

Mon
day 月曜日

キャベツと
わかめの和え物

ほぐしまぐろ

朝

ひとロパン

食パン（8枚切り）…¼〜½枚

食パンは耳を取り、1cm角に切る（手づかみ食べに慣れてきたら、1cm幅のスティック状に切ってもよい）。

エッグポテト

E じゃがいも

+ ・固ゆで卵…½個

15g

じゃがいもに水小さじ½をふり、ラップをかける。電子レンジで20〜30秒加熱する。ゆで卵を5mm角に切り、じゃがいもと混ぜる。

コロコロトマト

トマト…正味15g

トマトは湯むきして種を取り（→p.25）、8mm角程度に切る。

おかゆ

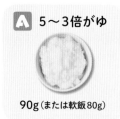

A 5〜3倍がゆ

90g（または軟飯80g）

5〜3倍がゆに水小さじ¼をふり、ラップをかける。電子レンジで1分40秒〜2分加熱する。

キャベツとわかめの和え物

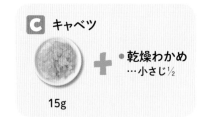

C キャベツ

+ ・乾燥わかめ
…小さじ½

15g

乾燥わかめは水で戻し、5mm四方程度に切る。耐熱ボウルにキャベツ、水小さじ¼とともに入れ、ラップをかける。電子レンジで20〜30秒加熱し、和える。

ほぐしまぐろ

I まぐろ

15g

まぐろに水小さじ1をふり、ラップをかける。電子レンジで20秒〜30秒加熱する。

ブロッコリーの
チキンスープ

スティックパン

コロコロバナナ

朝

野菜とお麩のにゅうめん

具だくさんで
つるんと食べられる！

夕

スティックパン

食パン（8枚切り）…¼～½枚

食パンは耳を取り、1cm幅のスティック状に切る（手づかみ食べに慣れていなければ、1cm角に切る）。

ブロッコリーのチキンスープ

D ブロッコリー	F 野菜スープ	H 鶏むね肉
15g	大さじ2	15g

耐熱ボウルにブロッコリー、鶏むね肉、野菜スープを入れ、ラップをかける。電子レンジで1分30秒～1分50秒加熱する。

コロコロバナナ

バナナ…⅙本

バナナは1cm角程度に切る。

野菜とお麩のにゅうめん

B そうめん	C にんじんと大根のだし汁	
1食分	1食分	●小町麩…3個

麩は水で戻し、8mm角程度に切る。小鍋に水大さじ2、にんじんと大根のだし汁、そうめんとともに入れて加熱する。

おかゆ

じゃがいもとトマトのチーズ和え

夕

しらすがゆ

チンするだけで
野菜たっぷりの
一品に！

にんじんと大根の
だし汁

昼

おかゆ

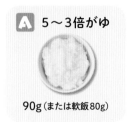

A 5〜3倍がゆ

90g（または軟飯80g）

5〜3倍がゆに水小さじ¼をふり、ラップをかける。電子レンジで1分40秒〜2分加熱する。

じゃがいもとトマトのチーズ和え

E じゃがいも

+ ・トマト…正味15g
・カッテージチーズ…大さじ2

15g

1 じゃがいもに水小さじ½をふり、ラップをかける。電子レンジで20〜30秒加熱する。
2 トマトは湯むきして種を取り（→p.25）、ざく切りにする。**1**にカッテージチーズとともに加えて混ぜ、ラップをかけて電子レンジで20〜40秒加熱する。

しらすがゆ

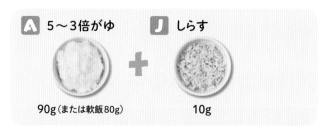

A 5〜3倍がゆ   J しらす

90g（または軟飯80g）   10g

耐熱ボウルに5〜3倍がゆ、しらす、水小さじ½を入れ、ラップをかける。電子レンジで1分50秒〜2分10秒加熱する。

にんじんと大根のだし汁

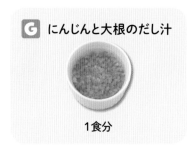

G にんじんと大根のだし汁

1食分

にんじんと大根のだし汁にラップをかける。電子レンジで2分〜2分30秒加熱する。

ひとロパン

コロコロバナナ

ブロッコリーの
まぐろ和え

昼

わかめそうめん

レンチンで
あっという間に
オムレツが完成！

キャベツの
レンジオムレツ

朝

ひとロパン

食パン（8枚切り）…¼〜½枚

食パンは耳を取り、1cm角に切る（手づかみ食べに慣れてきたら、1cm幅のスティック状に切ってもよい）。

ブロッコリーのまぐろ和え

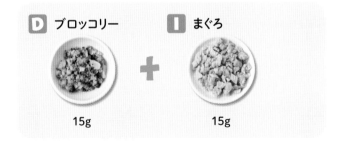

D ブロッコリー	I まぐろ
15g	15g

耐熱ボウルにブロッコリー、まぐろ、水小さじ1を入れ、ラップをかける。電子レンジで40秒〜1分加熱し、和える。

コロコロバナナ

バナナ…⅕本

バナナは1cm角程度に切る。

わかめそうめん

B そうめん	F 野菜スープ	●乾燥わかめ …小さじ½
1食分	大さじ4	

乾燥わかめは水で戻し、5mm四方程度に切る。小鍋に水大さじ2、野菜スープ、そうめんとともに入れて加熱する。

キャベツのレンジオムレツ

C キャベツ	●全卵…½個
15g	

耐熱皿にキャベツを入れて水小さじ¼をふり、ラップをかける。電子レンジで20〜30秒加熱する。溶いた卵を加えて混ぜ、ラップをかけずに、電子レンジで40〜50秒、卵にしっかりと火が通るまで加熱する。

だしが香るおかゆで食が進む!

おかゆ

しらすとブロッコリーのトマト煮

野菜雑炊

温やっこ

朝

夕

おかゆ

A 5〜3倍がゆ

90g（または軟飯80g）

5〜3倍がゆに水小さじ¼をふり、ラップをかける。電子レンジで1分40秒〜2分加熱する。

しらすとブロッコリーのトマト煮

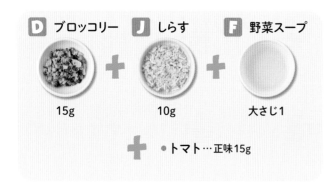

D ブロッコリー ＋ **J** しらす ＋ **F** 野菜スープ

15g ＋ 10g ＋ 大さじ1

＋ ・トマト…正味15g

トマトは湯むきして種を取り（→p.25）、ざく切りにする。耐熱ボウルにブロッコリー、しらす、野菜スープとともに入れ、ラップをかける。電子レンジで1分30秒〜1分50秒加熱し、混ぜる。

野菜雑炊

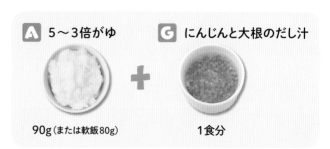

A 5〜3倍がゆ ＋ **G** にんじんと大根のだし汁

90g（または軟飯80g） ＋ 1食分

小鍋に水大さじ1、5〜3倍がゆ、にんじんと大根のだし汁を入れて加熱し、混ぜる。

温やっこ

豆腐…45g
かつおぶし…少々

耐熱ボウルに1cm角に切った豆腐を入れ、ラップをかける。電子レンジで20〜30秒加熱し、かつおぶしをのせる。

キャベツとまぐろのスープ

ひとロパン

ひとロポテト

そうめんに
かつおぶしで
香ばしさをプラス!

根菜の
にゅうめん

夕

昼

チキンの青のり味

ひとロパン

食パン（8枚切り）…¼〜½枚

食パンは耳を取り、1cm角に切る（手づかみ食べに慣れてきたら、1cm幅のスティック状に切ってもよい）。

キャベツとまぐろのスープ

C キャベツ + I まぐろ + F 野菜スープ

15g   15g   大さじ2

耐熱ボウルにキャベツ、まぐろ、野菜スープを入れ、ラップをかける。電子レンジで1分30秒〜1分50秒加熱する。

ひとロポテト

E じゃがいも

15g

じゃがいもに水小さじ½をふり、ラップをかける。電子レンジで20〜30秒加熱する。3等分して、丸める。

根菜のにゅうめん

B そうめん + G にんじんと大根のだし汁 + ・かつおぶし …少々

1食分   1食分

小鍋に水大さじ2、そうめん、にんじんと大根のだし汁を入れ、加熱する。かつおぶしをのせる。

チキンの青のり味

H 鶏むね肉 + ・青のり…少々

15g

鶏むね肉に水小さじ1をふり、ラップをかける。電子レンジで20〜30秒加熱する。青のりをふる。

スティックパン

バナナのカッテージ和え

栄養のある
しらすが
たっぷり！

しらすポテト

昼

わかめがゆ

ブロッコリーと
チキンのサラダ

朝

スティックパン

食パン（8枚切り）…¼〜½枚

食パンは耳を取り、1cm幅のスティック状に切る（手づかみ食べに慣れていなければ、1cm角に切る）。

しらすポテト

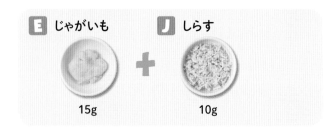

E じゃがいも

J しらす

15g

10g

耐熱ボウルにじゃがいも、しらす、水小さじ½を入れ、ラップをかける。電子レンジで40秒〜1分加熱する。3等分にして、丸める。

バナナのカッテージ和え

バナナ…⅕本
カッテージチーズ…小さじ1

バナナは1cm角程度に切る。カッテージチーズと和える。

わかめがゆ

A 5〜3倍がゆ

＋ ●乾燥わかめ…小さじ½

90g（または軟飯80g）

乾燥わかめは水で戻し、5mm四方程度に切る。耐熱ボウルに5〜3倍がゆ、水小さじ¼とともに入れ、ラップをかける。電子レンジで1分40秒〜2分加熱し、混ぜる。

ブロッコリーとチキンのサラダ

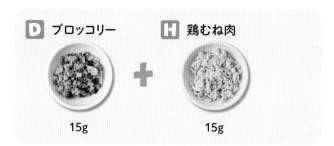

D ブロッコリー

H 鶏むね肉

15g

15g

耐熱ボウルにブロッコリー、鶏むね肉、水小さじ1を入れ、ラップをかける。電子レンジで40秒〜1分加熱し、混ぜる。

ひとロパン

おかゆ

お麩が
スープを吸って
ふわふわ食感に!

まぐろと野菜の
スープ

キャベツと
お麩のトマト煮

朝

夕

ひとロパン

食パン(8枚切り)…¼〜½枚

食パンは耳を取り、1cm角に切る(手づかみ食べに慣れてきたら、1cm幅のスティック状に切ってもよい)。

まぐろと野菜のスープ

G にんじんと大根のだし汁　**I** まぐろ

1食分　　　　　　　15g

耐熱ボウルににんじんと大根のだし汁とまぐろを入れ、ラップをかける。電子レンジで2分20秒〜2分40秒加熱する。

おかゆ

A 5〜3倍がゆ

90g(または軟飯80g)

5〜3倍がゆに水小さじ¼をふり、ラップをかける。電子レンジで1分40秒〜2分加熱する。

キャベツとお麩のトマト煮

C キャベツ　**F** 野菜スープ　●トマト
　　　　　　　　　　　　　　　　…正味15g
　　　　　　　　　　　　　　　●小町麩…3個

15g　　　　大さじ1

1 麩は水で戻し、8mm角程度に切る。トマトは湯むきして種を取り(→p.25)、ざく切りにする。

2 耐熱ボウルにキャベツ、野菜スープ、**1**の麩、トマトを入れ、ラップをかける。電子レンジで1分10秒〜1分30秒加熱する。

ブロッコリーがゆ

トマトのチキンサラダ

カッテージチーズを
プラスした
ポテトサラダ風。

チーズポテト

キャベツがゆ

夕

昼

ブロッコリーがゆ

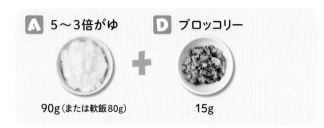

A 5〜3倍がゆ ＋ **D** ブロッコリー

90g（または軟飯80g） 15g

耐熱ボウルに5〜3倍がゆ、ブロッコリー、水小さじ¼を入れ、ラップをかける。電子レンジで2分〜2分20秒加熱し、混ぜる。

チーズポテト

E じゃがいも ＋ ・カッテージチーズ…大さじ2

15g

じゃがいもに水小さじ½をふり、ラップをかける。電子レンジで20〜30秒加熱し、カッテージチーズを混ぜる。

キャベツがゆ

A 5〜3倍がゆ ＋ **C** キャベツ

90g（または軟飯80g） 15g

耐熱ボウルに5〜3倍がゆ、キャベツ、水小さじ¼を入れ、ラップをかける。電子レンジで2分〜2分20秒加熱する。

トマトのチキンサラダ

H 鶏むね肉 ＋ ・トマト…正味15g

15g

鶏むね肉に水小さじ1をふり、ラップをかける。電子レンジで20〜30秒加熱する。トマトは湯むきして種を取り（→p.25）、8mm角程度に切る。鶏むね肉と和える。

しらすとかつおぶしの
風味で
食べやすい！

野菜としらすのおかかそうめん

きなこバナナ

おかゆ

ブロッコリーの白和え

昼

朝

野菜としらすのおかかそうめん

B そうめん	G にんじんと大根のだし汁	J しらす
1食分	1食分	10g

+ ・かつおぶし…少々

小鍋に水大さじ2、にんじんと大根のだし汁、そうめん、しらすを入れて加熱する。かつおぶしをのせる。

おかゆ

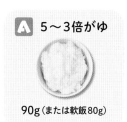

A 5〜3倍がゆ
90g（または軟飯80g）

5〜3倍がゆに水小さじ¼をふり、ラップをかける。電子レンジで1分40秒〜2分加熱する。

ブロッコリーの白和え

D ブロッコリー
15g

+ ・豆腐…45g

耐熱ボウルにブロッコリー、粗めにつぶした豆腐、水小さじ¼を入れ、ラップをかける。電子レンジで40秒〜1分加熱し、和える。

きなこバナナ

バナナ…⅙本
きなこ…少々

バナナは皮をむき、1cm角程度に切る。きなこと和える。

青のりポテト

E じゃがいも　＋　・青のり…少々

15g

じゃがいもに水小さじ½をふり、ラップをかける。電子レンジで20〜30秒加熱する。2等分にして丸め、青のりをふる。

キャベツのチキンスープ

C キャベツ　＋　F 野菜スープ　＋　H 鶏むね肉

15g　　大さじ2　　15g

耐熱ボウルにキャベツ、鶏むね肉、野菜スープを入れ、ラップをかける。電子レンジで1分30秒〜1分50秒加熱する。

青のりポテト

キャベツの
チキンスープ

ひと口パン

夕

ひと口パン

食パン（8枚切り）…¼〜½枚

食パンは耳を取り、1cm角に切る（手づかみ食べに慣れてきたら、1cm幅のスティック状に切ってもよい）。

---

 mini column 牛乳とフォローアップミルク、卒乳のこと

卒乳の タイミングは?

卒乳のタイミングは、人それぞれ。授乳は親子のスキンシップの時間として大切にしたいものでもあり、いつがよいとは一概には言えません。離乳食をしっかり食べるようになれば、赤ちゃんが自然と欲しがらなくなることもあります。

牛乳を飲むのは 1歳から

牛乳は7カ月を過ぎるころから料理に使えるようになりますが、飲みものとして与えるのは、1歳を過ぎてからにしましょう。フォローアップミルクは、足りなくなってくる鉄分を補うもの。離乳食の中で補えるようであれば、無理に切り替える必要はありません。「授乳・離乳の支援ガイド」でも、必要に応じた活用を提案しています。

牛乳って
どんな味かな?

後期の Q&A

1日3回食になり、離乳食からとる栄養も格段に増える時期。食べさせ方や食材についての疑問にお答えします。

Q あまり食べないのですが3回食に進めますか？

A 3回にして、生活リズムを整えて

1日3回にすることで、大人の生活リズムに近づいてきます。食べられる量には個人差があるので、無理に食べさせなくても大丈夫。まずは1日3回の食事をとるという習慣をつけるようにしていきましょう。

Q 食事に集中しません。どうすればいい？

A 食事に集中できる環境を作ってあげて

テレビがついていたり、おもちゃが目の前にあったりすると、食事に集中できないことも。食べるときにはテレビを消し、部屋を片付けるなどして、落ち着いて食べられる環境作りをしましょう。

Q 口に入れたものを出してしまうようになりました。好き嫌いですか？

A 好き嫌いはまだないといわれています

赤ちゃんのころは基本的に味の好き嫌いはないといわれています。ただ、すっぱいものと苦いものは苦手なので、無理に与えなくてもよいでしょう。機嫌や体調が悪かったりなど、色々な原因があります。味付けや食材、盛りつけを変えてみるなど、ひと工夫してあげましょう。

Q うんちがかたくなってしまいました

A 水分をよくとって、食物繊維やヨーグルトも取り入れて

このくらいの時期になると、うさぎのようなコロコロとかたいうんちになることがあります。水分をこまめにとり、食事には汁物を加えるとよいでしょう。食物繊維が多い野菜やヨーグルトなどを積極的に取り入れましょう。

Q うまくかめずに丸飲みしてしまいます

A 声をかけてかむ練習を

この時期に合ったかたさなら、丸飲みしても大丈夫。あまりやわらかいと飲み込んでしまうので、バナナくらいのかたさになっているか、食材を確認してから与えましょう。一緒に口を動かしたり、「カミカミして食べようね」などと声をかけながら進めていきましょう。

Q 離乳食を目安の量より多く食べたがります。減らしたほうがいい？

A たんぱく質の量には気をつけて

体重の増え方がそれほど多くなければ、運動量が増えて食欲が増したということなので、それほど気にしなくてよいでしょう。ただし、消化しにくいたんぱく質は目安量を守りましょう。この時期はまだ満腹感が備わっていないので、食べ物があると食べてしまう赤ちゃんも。よくかむメニューを増やしたり、ゆっくり食べるように促したりして、食事の量を調節しましょう。

自分で食べる意欲を育てて 離乳食も卒業準備！

栄養の大半を離乳食からとれるように。
1日3回、大人と一緒に食事をしてみましょう。
手づかみ食べが上手になってきたら、
細長いものをかじる練習を始めましょう。

完了期
1歳〜1歳半ごろ

1日3回＋おやつに

大人と同じ時間に食事をとるようになります。できるだけ家族そろって食べ、食事の楽しさを感じられるようにしましょう。1日1〜2回のおやつも加えます。おやつは甘い物を食べる時間ではなく、食事で不足する栄養分を補う「補食」として考えます。牛乳、おにぎり、サンドイッチなどもおすすめです。

1日のスケジュール例

7:00	離乳食
10:00	（おやつ）
12:00	離乳食
15:00	おやつ
18:00	離乳食

※このスケジュールは卒乳した場合の例です。

食べさせ方

手づかみ食べからスプーンへ

手づかみ食べが盛んな時期なので、積極的にさせるようにしましょう。上手になってきたら食材を少しずつ細長くして自分で持って前歯でかじり取る練習を始めましょう。興味がでてきたら、スプーンを用意して持たせてみて。徐々に手の動かし方を覚えてきます。

かたさ

ゆで卵の白身くらいのかたさが目安

ゆで卵の白身くらいのかたさが目安です。歯ぐきでかむことに加え、前歯で「かじる」練習もスタート。前歯でかじって歯ぐきでかんで食べる、という一連の動作を練習できるようにしましょう。

量

バランスよく、楽しんで食べられる量を

ごはんやパンなどのエネルギー源、野菜、肉や魚などのたんぱく質源を1日の献立の中でバランスをとって、上手に組み合わせていきましょう。食べたり食べなかったりする日があるかもしれませんが、体重が増えているようなら問題ありません。

食材

味つけしたものも食べられます

肉や魚など、たんぱく質源の食材は、食べられるものが増えてきますが、量はあまり変わりません。食べ過ぎには注意しましょう。

さまざまな食材の味や食感を覚えるため、調味料や風味づけの食材を取り入れて、バラエティ豊かな食卓に。ただし、刺身などの生魚やナッツなどのかたいものはまだ食べられません。塩分や脂肪分も控えめにしましょう。

食材の大きさと１食分の量の目安

1日3食を規則正しく食べることが大切。食べむらがあっても体重が増えていれば、深刻に考えなくて大丈夫です。

エネルギー源

米と水、またはごはんと水で軟飯を作ります（→p.31）。慣れてきたら普通のごはんに変えていきましょう。量は軟飯、ごはんのどちらも80gが目安です。

実物大の大きさ

前半
軟飯
80g
↓
後半
ごはん
80g

ビタミン・ミネラル源

皮をむいてやわらかくゆで、始めは1cm角程度に切り、手づかみに慣れてきたら手で食べやすいようにスティック状に切ります。量は、野菜と果物を合わせて40〜50gが目安です。

実物大の大きさ

前半
1cm角
↓
後半
1cm×1cm×3〜5cm

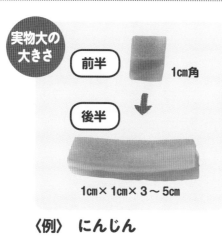

〈例〉 にんじん

実物大の量

たんぱく質源

量の目安は、肉・魚は15〜20ｇ、豆腐は50〜55ｇ、卵は全卵で½〜⅔個、乳製品は100gで、いずれか1種類での量です。

実物大の大きさ

後半　前半
1.5cm角　1.2〜1.3cm角

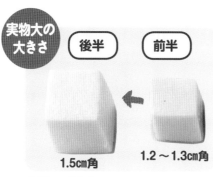

〈例〉 豆腐

実物大の量

これで1週間ぜ〜んぶ対応！ **フリージング食材早見表**

食材の量も大きさも見違えるほどに！
アレンジ食材も取り入れて
バリエーションを増やしていきましょう。

各食材に合うフリージング方法をアイコンで示しています。

 製氷皿　 ラップ　 小分け容器　冷凍用保存袋　シリコンカップ

A 軟飯

※ごはんになったら、フリージングせずに大人のごはんから取り分けてもよい。

80g（またはごはん80g）× 10回分

［作り方］
軟飯を作り（→p.31）、1食分ずつ冷凍する。

B ゆでうどん

アレンジ食材
・そうめん

中2袋（400g）

80g × 5回分

［作り方］
やわらかくなるまでゆで、3cm長さに切る。5等分して冷凍する。

C さつまいも

アレンジ食材
・じゃがいも
・かぼちゃ

小½本（正味120g）

20g × 6回分

［作り方］
皮をむいて適当な大きさに切り、水にさらす。やわらかくなるまでゆで、マッシュ状になるまでつぶし、6等分して冷凍する（冷凍用保存袋の場合はすじ目をつける）。

D かぶ

アレンジ食材
・にんじん
・大根

2個（正味120g）

20g × 6回分

［作り方］
皮をむいてやわらかくなるまでゆで、1cm角程度に切る。6等分して冷凍する。

E ブロッコリー

1株（正味120g）

20g × 6回分

［作り方］
つぼみ部分を切り分け、やわらかくなるまでゆで、小さく切る。6等分して冷凍する。

F しめじと玉ねぎのスープ

アレンジ食材
・えのき茸＆かぶ

しめじ1袋（正味100g）
玉ねぎ中½個
だし2カップ

1食分×5回分

［作り方］
しめじは石づきを取り、玉ねぎとともにみじん切りにし、沸騰しただしに入れてふたをのせ、やわらかくなるまで煮る。5等分して、冷凍する。

※さつまいも、かぶ、ブロッコリーは一緒にゆでてもOK（つくねのキャベツとそぼろの白菜も一緒にゆでるのがおすすめ）。

G キャベツ入りつくね

キャベツ1枚
Ⓐ【鶏むねひき肉100g
片栗粉小さじ1　みそ小さじ¼】
サラダ油少々

2個×5回分

［作り方］
キャベツは芯を取って適当な大きさに切り、やわらかくなるまでゆでる。水気をしぼってみじん切りにする。Ⓐとともに練り混ぜ、10等分にして小判型に丸める。サラダ油を熱したフライパンで焼き、両面に焼き色がついたら、水¼カップを加えてふたをのせ、蒸し焼きにする。2個を1回分として、冷凍する。

H 鮭と白菜のそぼろ

鮭のアレンジ食材
生たら＆キャベツ

白菜の葉先80g（白菜3枚分の葉先）
生鮭切り身1切れ（正味80g）
しょうゆ小さじ½

1食分×4回分

［作り方］
白菜を適当な大きさに切り、やわらかくなるまでゆでる。水気をしぼってみじん切りにする。生鮭はゆでて、皮、骨、血合いを取り、粗めにほぐす。白菜、鮭、しょうゆを混ぜる。4等分して冷凍する。

I めかじき

アレンジ食材
・生鮭
・白身魚

1枚
（正味100g）

20g×5回分

［作り方］
血合いを取って1cm角に切り、ゆでる。5等分して冷凍する。

J だし

※昆布だし、かつおだし、合わせだしのどれでもOK。

大さじ1×18個分

［作り方］
だしを作り（→p.32）、大さじ1ずつ製氷皿に入れて冷凍する。

＋ フリージングしない食材

・ケチャップ　・みそ
・しょうゆ　　・砂糖
・中濃ソース　・バター
・マヨネーズ　・パン粉

食パン（サンドイッチ用）

サンドイッチにするときに便利。

食パン（8枚切り）

食べられそうなら耳つきでもOK。

豆腐

絹ごし、木綿、どちらでもOK！

卵

生卵は厳禁！ 加熱してから与えます。

牛乳

1歳以降はそのまま飲んでもOK。

プレーンヨーグルト

加糖ではなく無糖のヨーグルトを。

トマト

皮と種は取ります。ミニトマトに代えても。

いちご

小さめに切って与えます。

かつおぶし
うまみが味のアクセントに。

青のり

ふりかけるだけでOK。ミネラルが豊富。

刻みのり

ふりかけて風味づけに。

焼きのり
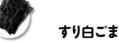
かみ切りづらいので、小さくちぎって。

すり白ごま
味のアクセントにパラパラとふって。

きなこ

香ばしさで食欲増進。砂糖は加えません。

スティックパン

さつまいものミルクボール

軟飯

鮭と白菜のそぼろ

ぜんぶが
手づかみ食べに
ぴったり！

つくねプレート

昼

朝

スティックパン

食パン（8枚切り）…½〜1枚
食パンは耳を取り、1cm幅のスティック状に切る。

つくねプレート

E ブロッコリー　G キャベツ入りつくね

20g　　　　2個　　　　●ケチャップ
　　　　　　　　　　　　…小さじ¼

耐熱皿にブロッコリー、つくね、水小さじ½を入れ、ラップをかける。
電子レンジで1分〜1分20秒加熱する。つくねにケチャップをかける。

軟飯

A 軟飯

80g（またはごはん80g）

軟飯にラップをかける。電子レンジで
1分40秒〜2分加熱する。

さつまいものミルクボール

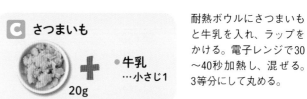

C さつまいも

20g　　　　●牛乳
　　　　　　…小さじ1

耐熱ボウルにさつまいも
と牛乳を入れ、ラップを
かける。電子レンジで30
〜40秒加熱し、混ぜる。
3等分にして丸める。

鮭と白菜のそぼろ

**H 鮭と白菜の
そぼろ**

1食分

鮭と白菜のそぼろに水小さじ½をふり、
ラップをかける。電子レンジで50秒〜
1分10秒加熱する。

かぶの青のり和え

トマトとパンのレンジキッシュ

ほんの少し
みそを加えて
味わいがアップ！

あったか豆腐

野菜のみそうどん

朝

夕

トマトとパンのレンジキッシュ

全卵…½個分
牛乳…大さじ1
食パン（8枚切り）…½枚
トマト…正味20g

1 卵と牛乳を溶き混ぜる。食パンは耳を取り、1cm角に切る。トマトは湯むきして種を取り（→p.25）、ざく切りにする。

2 耐熱皿にパンとトマトを入れ、卵液を流し入れる。ラップをかけずに、電子レンジで1分～1分20秒、卵にしっかりと火が通るまで加熱する。

かぶの青のり和え

D かぶ ＋ ●青のり…少々

20g

かぶに水小さじ¼をふり、ラップをかける。電子レンジで30～40秒加熱する。青のりと和える。

野菜のみそうどん

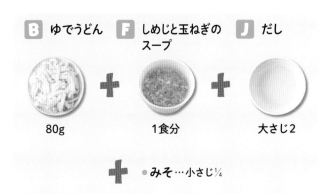

B ゆでうどん ＋ **F** しめじと玉ねぎのスープ ＋ **J** だし

80g ／ 1食分 ／ 大さじ2

＋ ●みそ…小さじ¼

小鍋に水大さじ2、しめじと玉ねぎのスープ、だし、うどんを入れて加熱し、みそを溶き混ぜる。

あったか豆腐

豆腐…50g
しょうゆ…3滴
かつおぶし…少々

耐熱ボウルに豆腐を入れ、ラップをかける。電子レンジで30～40秒加熱し、しょうゆをかけてかつおぶしをのせる（スプーンですくって食べる）。

和風つくね丼

軟飯

野菜とお魚が入った
おみそ汁は
ボリューム満点！

具だくさんのみそ汁

夕

昼

和風つくね丼

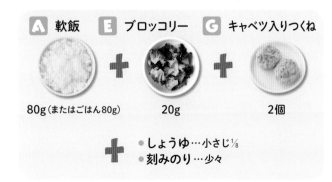

A 軟飯	E ブロッコリー	G キャベツ入りつくね
80g（またはごはん80g）	20g	2個

+
- しょうゆ…小さじ⅛
- 刻みのり…少々

1 軟飯にラップをかける。電子レンジで1分40秒〜2分加熱する。
2 耐熱皿にブロッコリー、つくね、水小さじ½を入れ、ラップをかける。電子レンジで1分〜1分20秒加熱する。器に**1**のごはんを盛り、刻みのりをちらし、ブロッコリーとつくねをのせ、しょうゆをかける。

軟飯

A 軟飯
80g（またはごはん80g）

軟飯にラップをかける。電子レンジで1分40秒〜2分加熱する。

具だくさんのみそ汁

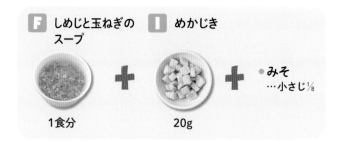

F しめじと玉ねぎの スープ	I めかじき	
1食分	20g	● みそ …小さじ⅛

耐熱ボウルにめかじきとしめじと玉ねぎのスープを入れ、ラップをかける。電子レンジで2分30秒〜3分加熱し、みそを溶き混ぜる。

のり巻きにすると
自分でパクパク
食べられちゃう！

めかじきと
トマトのサラダ

さつまいもサンド

のり巻き

豆腐とブロッコリーの
みそ煮

いちご

昼

朝

のり巻き

A 軟飯

80g（またはごはん80g）

+
- かつおぶし…少々
- 焼のり…大判½枚

軟飯にラップをかける。電子レンジで1分40秒〜2分加熱し、かつおぶしを加えて混ぜる。のりの上に広げてのせて、巻く。食べやすい大きさに切る。

豆腐とブロッコリーのみそ煮

E ブロッコリー

20g

+

J だし

大さじ2

+
- 豆腐…50g
- みそ…小さじ⅛

耐熱ボウルにブロッコリーとだしを入れ、ラップをかける。電子レンジで1分20秒〜1分40秒加熱する。みそを加えて溶き混ぜ、1.5cm角に切った豆腐を加え、さらに20〜30秒加熱する。

いちご…1個

いちごはへたを取り、ひと口サイズに切る。

さつまいもサンド

C さつまいも

20g

+
- プレーンヨーグルト
　…小さじ½
- 食パン（サンドイッチ用）
　…1枚

さつまいもに水小さじ½をふり、ラップをかける。電子レンジで30〜40秒加熱する。ヨーグルトを加えて混ぜる。半分に切った食パンにぬってはさみ、食べやすい大きさに切る。

めかじきとトマトのサラダ

I めかじき

20g

+
- トマト…正味20g

めかじきに水小さじ1をふり、ラップをかける。電子レンジで30〜40秒加熱する。トマトは湯むきして種を取り（→p.25）、ひと口サイズに切る。めかじきと和える。

きなこヨーグルト

軟飯

しめじと玉ねぎの
すまし汁

朝

具だくさんの
うどんも
あっという間！

野菜と鮭の焼きうどん

夕

軟飯

A 軟飯

80g（またはごはん80g）

軟飯にラップをかける。電子レンジで
1分40秒〜2分加熱する。

しめじと玉ねぎのすまし汁

F しめじと玉ねぎのスープ

＋ ● しょうゆ…小さじ⅛

1食分

しめじと玉ねぎのスープにラップをかける。電子レンジで2分20秒〜
2分40秒加熱し、しょうゆを加えて混ぜる。

きなこヨーグルト

プレーンヨーグルト…100g
きなこ…少々

ヨーグルトにきなこをふる。

野菜と鮭の焼きうどん

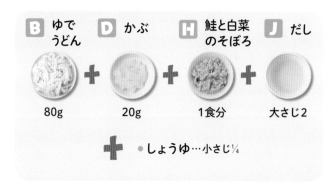

B ゆで
うどん

D かぶ

H 鮭と白菜
のそぼろ

J だし

80g 20g 1食分 大さじ2

＋ ● しょうゆ…小さじ¼

小さいフライパンに水大さじ2、だし、うどん、鮭と白菜のそぼろ、か
ぶを入れて火にかけ、混ぜながら加熱し、しょうゆを加えて混ぜる。

青のりおにぎり
（混ぜごはん）

野菜の
レンジオムレツ

夕

野菜とつくねの
みそ煮込みうどん

冷凍してある
うどんとつくねで
即、完成！

昼

青のりおにぎり

A 軟飯

＋ ●青のり…少々

80g（またはごはん80g）

軟飯またはごはんにラップをかける。電子レンジで1分40秒〜2分加熱し、青のりと混ぜる。ごはんの場合は3等分して、俵型ににぎる（軟飯の場合はにぎらずに、青のり混ぜごはんに）。

野菜のレンジオムレツ

C さつまいも　**E** ブロッコリー

●全卵…½個分
●牛乳…大さじ1
●ケチャップ
　…小さじ⅛

20g　　20g

1 耐熱ボウルにブロッコリー、さつまいも、水小さじ½を入れ、ラップをかける。電子レンジで50秒〜1分10秒加熱する。卵と牛乳を溶き混ぜる。
2 耐熱皿にブロッコリーとさつまいもを入れ、卵液を流し入れる。ラップをかけずに、電子レンジで50秒〜1分10秒、卵にしっかりと火が通るまで加熱する。ケチャップをかける。

野菜とつくねの
みそ煮込みうどん

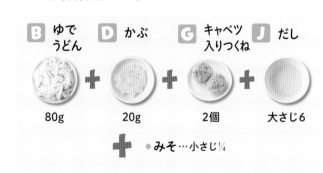

B ゆで　**D** かぶ　**G** キャベツ　**J** だし
　うどん　　　　　入りつくね

80g　＋　20g　＋　2個　＋　大さじ6

＋ ●みそ…小さじ¼

小鍋に水大さじ2、だし、うどん、かぶ、つくねを入れて火にかけ、みそを溶き混ぜる。

いちご

鮭と白菜の
混ぜごはん

昼

トーストにすると
香ばしさアップ！

スティックトースト

つくねとかぶのソースがけ

朝

鮭と白菜の混ぜごはん

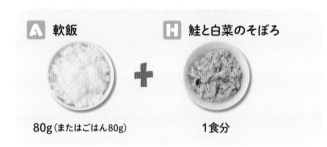

A 軟飯	H 鮭と白菜のそぼろ
80g（またはごはん80g）	1食分

耐熱ボウルに軟飯、鮭と白菜のそぼろ、水小さじ½を入れ、ラップをかける。電子レンジで2分〜2分30秒加熱し、混ぜる。

いちご…1個

いちごはへたを取り、ひと口サイズに切る。

スティックトースト

食パン（8枚切り）…½〜1枚

食パンは耳を取り、1cm幅のスティック状に切り、軽くトーストする。

つくねとかぶのソースがけ

D かぶ	G キャベツ入りつくね	● 中濃ソース …小さじ⅛
20g	2個	

耐熱皿にかぶ、つくね、水小さじ½を入れ、ラップをかける。電子レンジで1分〜1分20秒加熱する。ソースをかける。

ゆで卵が
彩りと味わいの
アクセントに！

ゆで卵と野菜のうどん

朝

軟飯

豆腐のバター醤油煮

ブロッコリーとトマトの
おかか和え

夕

ゆで卵と野菜のうどん

B ゆでうどん ＋ **F** しめじと玉ねぎのスープ ＋ **J** だし

80g　　　　1食分　　　　大さじ2

＋
● 固ゆで卵…½個
● しょうゆ…小さじ¼

小鍋に水大さじ2、しめじと玉ねぎのスープ、だし、うどんを入れて加熱する。しょうゆを加えて混ぜ、1cm角に切ったゆで卵をのせる。

軟飯

A 軟飯

80g（またはごはん80g）

軟飯にラップをかける。電子レンジで1分40秒〜2分加熱する。

豆腐のバター醤油煮

豆腐…50g
バター…小さじ¼
しょうゆ…小さじ⅛

耐熱ボウルに1.5cm角に切った豆腐、バター、しょうゆ、水小さじ2を入れ、ラップをかける。電子レンジで40〜50秒加熱し、軽く混ぜる。

ブロッコリーとトマトのおかか和え

E ブロッコリー

＋
● トマト
…正味20g
● かつおぶし
…少々

20g

ブロッコリーに水小さじ¼をふり、ラップをかける。電子レンジで30〜40秒加熱する。トマトは湯むきして種を取り（→p.25）、ひと口サイズに切る。ブロッコリー、かつおぶしと和える。

スティックパン

パン粉をまぶして
トースターで焼けば
コロッケ風！

トマト　　　　めかじきのさつまいもコロッケ風

昼

軟飯

つくねとかぶの
みそ煮

夕

軟飯

A 軟飯

80g（またはごはん80g）

軟飯にラップをかける。電子レンジで1分40秒〜2分加熱する。

つくねとかぶのみそ煮

D かぶ ＋ **G キャベツ入りつくね** ＋ **J だし**

20g　　　　　2個　　　　　大さじ2

＋ ●みそ…小さじ⅛

耐熱ボウルにかぶ、つくね、だしを入れ、ラップをかける。電子レンジで2分〜2分30秒加熱する。みそを溶き混ぜる。

スティックパン

食パン（8枚切り）…½〜1枚

食パンは耳を取り、1cm幅のスティック状に切る。

めかじきのさつまいもコロッケ風

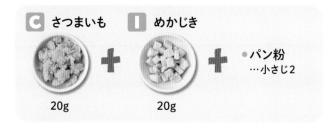

C さつまいも ＋ **I めかじき** ＋ ●パン粉
…小さじ2

20g　　　　　20g

耐熱ボウルにさつまいも、めかじき、水小さじ1を入れ、ラップをかける。電子レンジで50秒〜1分10秒加熱する。3等分して俵型に丸め、パン粉をまぶす。オーブントースターでパン粉が少しきつね色になるまで焼く。

トマト…正味20g

トマトは湯むきして種を取り（→p.25）、ひと口サイズに切る。

和風ミルクスープ

ケチャップで
おいしく変化を！

ケチャップライス

いちご
ヨーグルト

かぶの焼きうどん

ブロッコリーの
ごま和え

Sun
day
日

青のりそぼろ

スティックトースト

夕

昼

朝

ケチャップライス

 A 軟飯 **I** めかじき

80g（またはごはん80g）　　20g

+ ●ケチャップ…小さじ1

耐熱ボウルに軟飯、めかじき、水小さじ½
を入れ、ラップをかける。電子レンジで2分
～2分20秒加熱する。ケチャップを加え、
混ぜる。

和風ミルクスープ

 F しめじと玉ねぎのスープ

+ ●牛乳…小さじ2
●みそ…小さじ⅛

1食分

耐熱ボウルにしめじと玉ねぎのスープと牛乳
を入れ、ラップをかける。電子レンジで2分20
秒～2分40秒加熱し、みそを溶き混ぜる。

かぶの焼きうどん

 B ゆで
うどん **D** かぶ **J** だし

80g　　　20g　　　大さじ2

+ ●しょうゆ…小さじ¼
●かつおぶし…少々

小さいフライパンに水大さじ2、うどん、か
ぶ、だしを入れて火にかけ、混ぜながら加
熱する。しょうゆを加えて混ぜ、かつおぶし
をのせる。

いちごヨーグルト

いちご…1個
プレーンヨーグルト…100g

いちごはへたを取って1cm角に切り、ヨーグ
ルトにのせる。

スティックトースト

食パン（8枚切り）…½～1枚

食パンは耳を取り、1cm幅のスティック状に
切り、軽くトーストする。

青のりそぼろ

 H 鮭と白菜のそぼろ

+ ●青のり…少々

1食分

鮭と白菜のそぼろに水小さじ½をふり、ラッ
プをかける。電子レンジで50秒～1分10秒
加熱し、青のりと混ぜる。

ブロッコリーのごま和え

 E ブロッコリー

+ ●すり白ごま
…小さじ⅛

20g

ブロッコリーに水小さじ¼をふり、ラップを
かける。電子レンジで30～40秒加熱し、ご
まと和える。

魚サラダをはさんだ
サンドイッチも
おやつの一品に。

簡単スイートポテトで
栄養補給も
バッチリ！

魚サラダのサンドイッチ

I めかじき

20g

＋

- 食パン（サンドイッチ用）…1枚
- プレーンヨーグルト…小さじ1
- マヨネーズ…小さじ½

めかじきに水小さじ½をふり、ラップをかける。電子レンジで30〜40秒加熱する。水気をきって粗めにほぐし、ヨーグルトとマヨネーズで和える。半分に切った食パンにぬってはさみ、食べやすい大きさに切る。

スイートポテト

C さつまいも

40g

＋

- 牛乳…小さじ1
- 砂糖…小さじ½
- 卵黄…少々

1 さつまいもに水小さじ1をふり、ラップをかける。電子レンジで50秒〜1分10秒加熱する。牛乳と砂糖を加えて混ぜ、4等分にしてラグビーボール型に丸める。

2 オーブントースターの受け皿にオーブンシートを敷き、**1**のさつまいもをのせる。表面に卵黄をぬり、オーブントースターで少し焼き色がつくまで焼く。

やっぱり気になるアレルギーのこと

離乳食を始めて心配になるのが、食物アレルギーのこと。
どんな症状が出るのか、どうして起きるのかなどをまとめました。

食物アレルギーとは？

食物アレルギーは、体内に取り込んだ食べ物や花粉などに反応して、体が免疫の作用を起こすことです。本来免疫の作用は、体に有害な病原菌に働くものですが、無害な食べ物にも反応して、体を傷つけてしまう場合があります。

0〜1歳の赤ちゃんは、消化器官が未熟なため、アレルギーを起こしやすいといわれています。また、家族にアレルギー体質の人がいる場合、赤ちゃんもアレルギーになりやすいですが、家族にアレルギー体質の人がいないのに、赤ちゃんにアレルギーが出る場合もあります。

食品は1種類ずつ1さじから

アレルギーの原因になる食品を確認するため、はじめて与えるものは1種類ずつ1さじにします。心配な食品の場合は、万が一症状が出た場合にすぐに医師にかかれるよう、平日の昼間に与えましょう。

心配するあまり、アレルギーを起こしやすい食品を自己判断で避け続けるのは、栄養不足につながる可能性も。2019年に改定された「授乳・離乳の支援ガイド」では、特定の食物の摂取開始を遅らせても、食物アレルギーの発症予防効果があるという科学的根拠はないと発表。気になることがあれば、医師に相談しましょう。

アレルギーを起こしやすい食品は？

鶏卵、乳製品、小麦が、アレルギーを起こしやすい食品といわれています。そのほか、ナッツ類や果物、魚卵を食べてアレルギーを起こしたという報告が増えるなど、原因となる食品は増加しており、アレルギーに対するさまざまな研究結果も発表され、その対処法や考え方も変化してきています。

どんな症状が出るの？

体に湿疹が出る、目がはれる、のどがかゆくなる、吐き気、下痢、くしゃみなどのさまざまな症状が出ます。食後2時間以内に、じんましんやせき、呼吸困難を起こす「即時型」が一般的ですが、症状が長期化する場合もあります。

大変な場合には、呼吸困難や嘔吐、血圧の低下や意識障害を伴う「アナフィラキシーショック」という症状になる場合があります。このような場合には、すぐに救急車を呼んでください。

アレルギーを起こしやすい食品

卵	ゆで卵や卵が入った食品（マヨネーズ、練り製品、ハムなどの加工品、洋菓子、揚げ物の衣）など
小麦	小麦（薄力粉、中力粉、強力粉、デュラムセモリナ粉など）が入った食品（パン、うどん、麩、マカロニ、スパゲティー、餃子や春巻きの皮）など
乳製品	牛乳、ヨーグルト、チーズ、バター、生クリーム、練乳や、乳製品を使った食品（パン、洋菓子、ホワイトソース）など
そば	そば、そば粉のクレープ、そばボーロ、そばと同じ湯でゆでた食品など
ナッツ類	落花生（ピーナッツ）、アーモンド、カシューナッツ、くるみ、ごま
魚介類	甲殻類（えび、かに、あわび、いか）、魚類（鮭、いくら、さば）
その他	大豆製品（豆腐、納豆、豆乳など）、果物（オレンジ、キウイフルーツ、バナナ、りんご、桃）、肉類（牛、豚、鶏）、松茸、山芋、ゼラチン

最終段階に入った離乳食！

ハンバーグやトマトソースなど

ひと手間加えた

食材を活用しましょう！

これで1週間ぜ〜んぶ対応！ フリージング食材 早見表

各食材に合うフリージング方法を
アイコンで示しています。

 製氷皿　 ラップ　 小分け容器　 冷凍用保存袋　 シリコンカップ

A 軟飯

※ごはんになったら、フリージングせずに
大人のごはんから取り分けてもよい。

80g（またはごはん80g）×10回分

[作り方]
軟飯を作り（→p.31）、1食分ずつ冷凍する。

B スパゲティー

乾麺150g → 1食分×5回分

[作り方]
3cm長さに切りやわらかくなるまでゆでる。5等分して冷凍する。

C かぼちゃ

アレンジ食材
・じゃがいも
・さつまいも

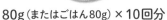

皮つき150g
（正味120g）
→ 20g×6回分

[作り方]
かぼちゃは皮、種、わたを取り、適当な大きさに切る。やわらかくなるまでゆで、マッシュ状になるまでつぶし、6等分して冷凍する（冷凍用保存袋の場合はすじ目をつける）。

D ミニアスパラガス

アレンジ食材
・にんじん

ミニアスパラガス約18本
（正味120g）
（または細めのアスパラガス約12本）
→ 20g×6回分

[作り方]
ミニアスパラガスは根元を切り落とし、薄皮をピーラーでむき、4cm長さに切る。やわらかくなるまでゆで、6等分して冷凍する。

※かぼちゃとアスパラガスは一緒にゆでてもOK!

E 小松菜

アレンジ食材
・キャベツ
・白菜の葉先
・ほうれん草の葉先

1束（正味120g）
→ 20g×6回分

[作り方]
葉先を切り分け、やわらかくなるまでゆで、冷水にさらす。水気をしぼり、1cm四方程度に切る。6等分して冷凍する。

F 野菜のだし汁

アレンジ食材
・かぶ、だいこん、えのき茸

 →

にんじん½本
しいたけ1本
キャベツ2枚
だし2カップ
→ 1食分×5回分

[作り方]
にんじんとキャベツは2cm長さのせん切りにする。しいたけは軸を取り、薄切りにし、1cm長さに切る。沸騰しただしに入れてふたをのせ、やわらかくなるまで煮る。5等分して冷凍する。

G トマトソース

トマト中2個（正味300g）
玉ねぎ⅛個
水大さじ2　塩少々

［作り方］
1 トマトは湯むきして種を取り（→p.25）、ざく切りにする。玉ねぎはみじん切りにする。
2 小鍋にトマト、玉ねぎ、水、塩を入れて火にかけ、とろみがつくまで煮る。

1食分×5回分

H ハンバーグ

ひき肉のアレンジ食材
・鶏むねひき肉
・牛赤身ひき肉

A【豚赤身ひき肉80g　パン粉小さじ2　牛乳小さじ2　塩少々】
サラダ油少々

2個×4回分

［作り方］
ボウルに**A**を入れて練り混ぜ、8等分にして丸める。フライパンでサラダ油を熱し、両面を焼き、水¼カップを加え、ふたをのせて弱火で蒸し焼きにする。2個を1回分として冷凍する。

I 鶏もも肉

アレンジ食材
・鶏ささみ、むね肉
・牛、豚赤身肉

小⅓枚（皮なし）
（80g）

20g×4回分

［作り方］
ゆでて、細かくさき、1cm長さに切る。4等分して冷凍する。

J かつお

アレンジ食材
・白身魚　・生鮭
・生タラ　・まぐろ

刺身8枚
（正味80g）

20g×4回分

［作り方］
血合いを取り、ひと口サイズに切り、ゆでる。4等分して冷凍する。

✚ フリージングしない食材

・ケチャップ　・しょうゆ　・砂糖　・みそ　・マヨネーズ　・バター

食パン（サンドイッチ用）
サンドイッチにするときに便利。

食パン（8枚切り）
食べられそうなら耳つきでもOK。

ツナ水煮
食塩無添加の水煮を選んで。

卵
生卵は厳禁なので必ず加熱してから与えます。

ひきわり納豆
粒が小さいので食べやすいです。

プレーンヨーグルト
加糖ではなく無糖のプレーンヨーグルトを選んで。

バナナ
甘みがあり赤ちゃんにも食べやすい果物です。

スライスチーズ
小さめにちぎって使います。

ピザ用チーズ
塩分が多めなので少量を使います。

粉チーズ
塩分が多めなので少量を使います。

乾燥わかめ
水で戻し、1cm四方に切って。ミネラル豊富です。

すり白ごま
味のアクセントにパラパラとふって。

青のり
ふりかけるだけでOK。ミネラルが豊富です。

かつおぶし
うまみが詰まったかつおぶし。味のアクセントに。

牛乳
1歳以降はそのまま飲んでもOK。カルシウムの補給に。

ハンバーグプレート

軟飯

手づかみしやすい
おかずとパンの
盛り合わせ！

かぼちゃサンド

かつおのトマト煮込み

昼

朝

かぼちゃサンド

C かぼちゃ

+

● 食パン（サンドイッチ用）…1枚

20g

かぼちゃに水小さじ¼をふり、ラップをかける。電子レンジで30〜40秒加熱する。半分に切った食パンにぬってはさみ、食べやすい大きさに切る。

ハンバーグプレート

D ミニアスパラガス **H** ハンバーグ

+

+

● ケチャップ
小さじ¼

20g

2個

耐熱皿にアスパラガス、ハンバーグ、水小さじ½を入れ、ラップをかける。電子レンジで50秒〜1分10秒加熱する。ハンバーグにケチャップをかける。

軟飯

軟飯にラップをかける。電子レンジで
1分40秒〜2分加熱する。

A 軟飯

80g（またはごはん80g）

かつおのトマト煮込み

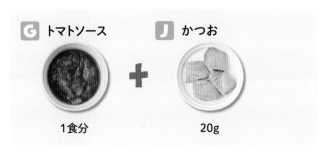

G トマトソース **J** かつお

+

1食分

20g

耐熱ボウルにかつお、トマトソース、水小さじ¼を入れ、ラップをかける。電子レンジで1分20秒〜2分加熱し、混ぜる。

116

チーズトースト

Tues day 火曜日

温めるだけで
スープパスタの
できあがり!

和風チキンスープスパゲティー

かぼちゃと
バナナのサラダ

朝

夕

チーズトースト

食パン（8枚切り）…1枚
スライスチーズ…1枚

食パンは耳を取って6等分に切り、6等分に切ったスライスチーズを
のせ、オーブントースターで焼く（食べられそうなら耳つきでもOK）。

かぼちゃとバナナのサラダ

C かぼちゃ

20g

+
● バナナ…¼本
● プレーンヨーグルト
　…小さじ1

1 かぼちゃに水小さじ¼をふり、ラップをかける。電子レンジで30
〜40秒加熱する。
2 バナナは1cm角に切り、**1**のかぼちゃ、ヨーグルトと和える。

和風チキンスープ スパゲティー

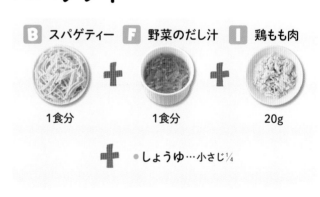

B スパゲティー　**F** 野菜のだし汁　**I** 鶏もも肉

1食分　　　　　1食分　　　　　20g

+
● しょうゆ…小さじ¼

小鍋に水大さじ2、スパゲティー、野菜のだし汁、鶏もも肉を入れて
加熱し、しょうゆを加えて混ぜる。

チキンライス

野菜とツナの雑炊

ツナを入れた
みそ風味で
うまみたっぷり!

ケチャップは
ほんの少しで
味に変化がつく!

小松菜のバター風味

夕

昼

チキンライス

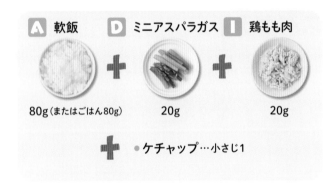

Ⓐ 軟飯	Ⓓ ミニアスパラガス	Ⓘ 鶏もも肉
80g（またはごはん80g）	20g	20g

● ケチャップ…小さじ1

1 アスパラガスに水小さじ¼をふり、ラップをかける。電子レンジで30〜40秒加熱し、5mm厚さに切る。
2 耐熱ボウルに鶏もも肉、軟飯、水小さじ½を入れ、ラップをかける。電子レンジで2分〜2分20秒加熱する。**1**のアスパラガスとケチャップを加えて混ぜる。

小松菜のバター風味

Ⓔ 小松菜	
20g	● バター…小さじ⅛

耐熱ボウルに小松菜、バター、水小さじ¼を入れ、ラップをかける。電子レンジで30〜40秒加熱し、混ぜる。

野菜とツナの雑炊

Ⓐ 軟飯	Ⓕ 野菜のだし汁	
80g（またはごはん80g）	1食分	● ツナ水煮…20g ● みそ…小さじ¼

小鍋に水大さじ2、野菜のだし汁、軟飯、水気をきったツナを入れて加熱し、みそを溶き混ぜる。

軟飯

かつおの煮つけ

小松菜とわかめの
ごま和え

昼

パンプキングラタン

スティックパン

朝

軟飯

A 軟飯

80g（またはごはん80g）

軟飯にラップをかける。電子レンジで1分40秒〜2分加熱する。

小松菜とわかめのごま和え

E 小松菜

20g

+
- **乾燥わかめ**
…小さじ1
- **すり白ごま**
…小さじ⅛

わかめは水で戻し、1cm四方程度に切る。耐熱ボウルにわかめ、小松菜、水小さじ¼を入れ、ラップをかける。電子レンジで30〜40秒加熱し、ごまを加えて和える。

かつおの煮つけ

J かつお

20g

+
- **A** 水…大さじ1
しょうゆ
…小さじ⅛
砂糖
…ひとつまみ

耐熱ボウルにかつおと**A**を入れ、ラップをかける。電子レンジで30〜40秒加熱し、混ぜる。

スティックパン

食パン（8枚切り）…½〜1枚

食パンは耳を取り、1cm幅のスティック状に切る。

パンプキングラタン

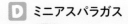

C かぼちゃ

20g

+

D ミニアスパラガス

20g

+
- **固ゆで卵**
…½個
- **ピザ用チーズ**
…3g

1 アスパラガスに水小さじ¼をふり、ラップをかける。電子レンジで30〜40秒加熱し、5mm厚さに切る。

2 かぼちゃに水小さじ¼をふり、ラップをかける。電子レンジで30〜40秒加熱する。アスパラガスと1cm角に切ったゆで卵を加えて混ぜ、耐熱皿に入れ、チーズをのせる。オーブントースターで少し焼き色がつくまで焼く。

わかめごはん
おにぎり
(混ぜごはん)

Thurs
day 木曜日

小松菜の
納豆和え

朝

全部まとめて
レンチンするだけで
即席ミートソース!

ミートソーススパゲティー

夕

わかめごはんおにぎり

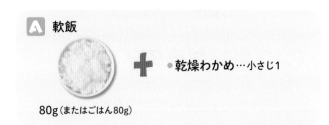

A 軟飯

+ ●乾燥わかめ…小さじ1

80g(またはごはん80g)

わかめを水で戻し、みじん切りにする。耐熱ボウルに軟飯またはごはん、水小さじ¼とともに入れ、ラップをかける。電子レンジで1分40秒～2分加熱し、ごはんの場合は混ぜて3等分にして、俵型ににぎる(軟飯の場合はにぎらずに、わかめごはんにする)。

小松菜の納豆和え

E 小松菜

+ ●ひきわり納豆…25g
　●しょうゆ…小さじ⅛

20g

小松菜に水小さじ¼をふり、ラップをかける。電子レンジで30～40秒加熱する。納豆としょうゆを加え、混ぜる。

ミートソーススパゲティー

B スパゲティー + **G** トマトソース + **H** ハンバーグ

1食分　　　　1食分　　　　2個

耐熱ボウルにスパゲティー、トマトソース、ハンバーグを入れ、ラップをかける。電子レンジで3分加熱して混ぜ、さらに20秒～1分加熱する。ハンバーグを粗めにくずし、全体を混ぜる。

ツナサンド

野菜のすまし汁

チキンのトマトクリームスパゲティー

> トマトソースに牛乳を加えてまろやかに！

夕

昼

ツナサンド

食パン（サンドイッチ用）…1枚
ツナ水煮…20g
プレーンヨーグルト…小さじ1
マヨネーズ…小さじ½

ツナは水気をきり、ヨーグルトとマヨネーズと和える。半分に切った
食パンにぬってはさみ、食べやすい大きさに切る。

野菜のすまし汁

F 野菜のだし汁

+ ●しょうゆ…小さじ⅛

1食分

野菜のだし汁にラップをかける。電子レンジで2分20秒〜2分40秒加
熱し、しょうゆを加えて混ぜる。

チキンの
トマトクリームスパゲティー

B スパゲティー　G トマトソース　I 鶏もも肉

1食分　＋　1食分　＋　20g

+ ●牛乳…小さじ2

耐熱ボウルに鶏もも肉、スパゲティー、トマトソース、牛乳を入れ、ラッ
プをかける。電子レンジで3分加熱して混ぜ、さらに20秒〜1分加熱し、
全体を混ぜる。

軟飯

アスパラの
青のりマヨ添え

レンチンだけで
大人と同じような
献立に！

トマト煮込み
ハンバーグ

昼

パンプキンチーズトースト

朝

軟飯

A 軟飯

80g（またはごはん80g）

軟飯にラップをかける。電子レンジで1分40秒〜2分加熱する。

トマト煮込みハンバーグ

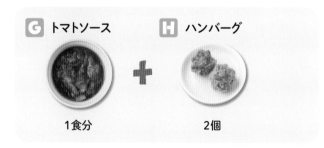

G トマトソース ＋ **H** ハンバーグ

1食分　　　　　　2個

耐熱ボウルにハンバーグとトマトソースを入れ、ラップをかける。電子レンジで1分20秒〜2分加熱し、混ぜる。

パンプキンチーズトースト

C かぼちゃ

＋
● 食パン（8枚切り）…1枚
● スライスチーズ…1枚

20g

1 かぼちゃに水小さじ¼をふり、ラップをかける。電子レンジで30〜40秒加熱する。
2 食パンは耳を取って6等分に切り、**1**のかぼちゃをぬって6等分に切ったチーズをのせ、オーブントースターで焼く（食べられそうなら耳つきでもOK）。

アスパラの青のりマヨ添え

D ミニアスパラガス

＋
● マヨネーズ…小さじ¼
● 青のり…少々

20g

アスパラガスに水小さじ¼をふり、ラップをかける。電子レンジで30〜40秒加熱する。マヨネーズを添え、青のりをふる。

ひと口チーズ
パンプキン

鶏肉と野菜の丼

朝

かつおの混ぜごはん

かつおはごはん
に混ぜると
食べやすい！

バナナ

小松菜のおひたし

夕

鶏肉と野菜の丼

Ⓐ 軟飯	Ⓔ 小松菜	Ⓘ 鶏もも肉
80g（またはごはん80g）	20g	20g

＋ ●しょうゆ…小さじ⅛

1 軟飯にラップをかける。電子レンジで1分40秒〜2分加熱する。
2 耐熱皿に小松菜、鶏もも肉、水小さじ½を入れ、ラップをかける。電子レンジで50秒〜1分10秒加熱する。器に1のごはんを盛り、鶏もも肉と小松菜をのせ、しょうゆをかける。

ひと口チーズパンプキン

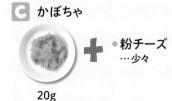

Ⓒ かぼちゃ	●粉チーズ …少々
20g	

かぼちゃに水小さじ¼をふり、ラップをかける。電子レンジで30〜40秒加熱する。2等分して丸め、粉チーズをふる。

かつおの混ぜごはん

Ⓐ 軟飯	Ⓙ かつお
80g（またはごはん80g）	20g

耐熱ボウルに軟飯、かつお、水小さじ¼を入れ、ラップをかける。電子レンジで2分〜2分20秒加熱し、混ぜる。

小松菜のおひたし

Ⓔ 小松菜	●しょうゆ …3滴 ●かつおぶし …少々
20g	

小松菜に水小さじ¼をふり、ラップをかける。電子レンジで30〜40秒加熱する。しょうゆをかけ、かつおぶしをのせる。

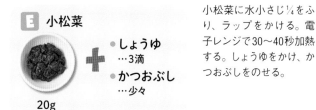

バナナ…¼本

バナナは1cm厚さの輪切りにする。

おかか納豆

軟飯

野菜のみそ汁

夕

トマトソースは
アレンジ自在で
超便利！

ツナのトマトスパゲティー

昼

軟飯

A 軟飯

80g（またはごはん80g）

軟飯にラップをかける。電子レンジで
1分40秒〜2分加熱する。

ツナのトマトスパゲティー

B スパゲティー ＋ **G** トマトソース ＋ ●ツナ水煮
…20g

1食分　　　　1食分

耐熱ボウルにスパゲティー、トマトソース、ツナを入れ、ラップをかけ
る。電子レンジで3分加熱して混ぜ、さらに20秒〜1分加熱し、全体
を混ぜる。

野菜のみそ汁

F 野菜のだし汁 ＋ ●みそ…小さじ⅛

1食分

野菜のだし汁にラップをかける。電子レンジで2分20秒〜2分40秒加
熱し、みそを溶き混ぜる。

おかか納豆

ひきわり納豆…25g
しょうゆ…3滴
かつおぶし…少々

納豆としょうゆを混ぜ、かつおぶしをのせる。

軟飯

みそ煮込み
ハンバーグ

夕

かつおと小松菜の
和風スパゲティー

わかめを加えて
ミネラル補給！

昼

バナナ

卵サンド

アスパラの
おかかしょうゆがけ

朝

軟飯

 軟飯

80g（またはごはん80g）

軟飯にラップをかける。電子レンジで1分40秒〜2分加熱する。

みそ煮込み
ハンバーグ

 野菜のだし汁　 ハンバーグ

1食分　　　　　2個

 ●みそ…小さじ⅛

耐熱ボウルにハンバーグ、野菜のだし汁を入れ、ラップをかける。電子レンジで2分30秒〜3分加熱し、みそを溶き混ぜる。

かつおと小松菜の
和風スパゲティー

 スパゲティー　 小松菜　 かつお

1食分　　　20g　　　20g

 ●乾燥わかめ…小さじ1
●しょうゆ…小さじ¼

わかめを水で戻し、1cm四方程度に切る。耐熱ボウルにスパゲティー、小松菜、かつお、水小さじ2とともに入れ、ラップをかける。電子レンジで2分30秒加熱して混ぜ、さらに20秒〜1分加熱し、しょうゆを加えて全体を混ぜる。

卵サンド

固ゆで卵…½個
プレーンヨーグルト…小さじ1
マヨネーズ…小さじ½
食パン（サンドイッチ用）…1枚

ゆで卵はみじん切りにし、ヨーグルトとマヨネーズと和える。半分に切った食パンにぬってはさみ、食べやすい大きさに切る。

アスパラの
おかかしょうゆがけ

 ミニアスパラガス

20g

●しょうゆ
…3滴
●かつおぶし
…少々

アスパラガスに水小さじ¼をふり、ラップをかける。電子レンジで30〜40秒加熱する。しょうゆをかけ、かつおぶしをのせる。

バナナ…¼本

バナナは1cm厚さの輪切りにする。

ピザトーストは
手づかみにぴったり！

かぼちゃの自然な甘みを
いかした、パフェ風おやつ。

ピザトースト

D ミニアスパラガス

20g

+
- 食パン(8枚切り)…1枚
- ツナ水煮…5g
- ピザ用チーズ…5g
- ケチャップ…小さじ1

1 アスパラガスに水小さじ¼をふり、ラップをかける。電子レンジで30〜40秒加熱する。5mm厚さに切る。

2 食パンの耳を取って4等分に切り、ケチャップをぬり、**1**のアスパラガス、ツナ、チーズをのせ、オーブントースターで焼く（食べられそうなら耳つきでもOK）。

かぼちゃの
フルーツヨーグルトパフェ

C かぼちゃ

20g

+
- プレーンヨーグルト…50g
- お好みの果物
  …20g程度（いちご1個＋みかん1房など）

かぼちゃに水小さじ¼をふり、ラップをかける。電子レンジで30〜40秒加熱する。器にかぼちゃを入れ、ヨーグルトをのせ、お好みのひと口サイズに切った果物をのせる。

Q 1歳を過ぎたら 大人と同じ味つけでいいの？

A 薄味を心がけて

調味料を使って味にバリエーションを持たせることで、飽きずに離乳食を食べられます。ただし、大人と同じ味つけでは濃すぎるので、だしの風味をきかせて薄味にするなど、これまでと変わらない考え方で。みそ、しょうゆ、塩などの刺激の少ない調味料を少量ずつ使いましょう。

Q まだスプーンが使えません。いつから使えるようになるの？

A 1歳を過ぎたら、少しずつ練習を

1歳のうちは手づかみ食べが中心。基本的には、赤ちゃんの好きなようにさせて。できそうなら、スプーンを持つ練習を始めましょう。大人が箸やスプーンを使う様子を見せるのも、使いたがるようになるきっかけになります。

Q いつまでも 自分で食べようとしません

A 手でつかみやすい料理を用意して、声をかけながら

パンやゆで野菜など、手でつかみやすいものを1品用意して、触ってみる練習をしましょう。つかめたら「できたね」など声をかけて、ほめてあげることも大切です。

Q 1歳を過ぎたら、何を食べても大丈夫？

A はじめての食材は 1さじから与えて様子を見て

食べられる食材が増え、つい油断しがちですが、まだまだかむ力や飲み込む力は弱いものです。はじめての食材は1さじから、の基本を守りましょう。また、ビー玉サイズの食品がのどに詰まるという事故が起こりやすい時期でもあるので、ミニトマトなどは必ずひと口サイズに切ってあげましょう。ナッツ類やこんにゃく、刺身、もちなどは、3歳ごろになるまで待ちましょう。

Q 母乳を欲しがって 食事の量が増えません

A 赤ちゃんの気持ちをそらす工夫をして

この時期の授乳は、ママとふれあい、安心するためです。母乳を欲しがって離乳食を半分も食べないようなら、昼間は外で思いっきり遊ばせるなど、授乳のこと以外に赤ちゃんの気持ちを向かせてみて。

松尾みゆき

管理栄養士・料理研究家。大手食品メーカーでカフェや惣菜店などのメニュー開発に携わった後、2005年に独立。健康と料理をテーマに食全般のコーディネーターとして書籍や雑誌、テレビ、Ｗｅｂ、広告で活動している。著書に『電子レンジ・フリージングをフル活用！ はじめてでもカンタン離乳食』(PHP研究所)、『おうちで作れる かわいいおすし ちょっと特別な日のちいさなおもてなし』(河出書房新社)、『時間がない朝、食欲がない朝はスープ＆ドリンクを作りましょう』（大泉書店）など多数。

STAFF

撮影	横田裕美子（スタジオバンバン）
スタイリング	深川あさり
デザイン、装丁	フレーズ
イラスト	碇優子
DTP	有限会社天龍社
校正	株式会社みね工房
モデル	島田芽依、原山颯太、朔士
編集	株式会社童夢

フリージングで作りおき離乳食 改訂版

2020年1月5日　初版発行
2022年3月25日　第4刷発行

著　者　松尾みゆき
発行者　富永靖弘
印刷所　公和印刷株式会社

発行所　東京都台東区　株式　株式会社 新星出版社
　　　　台東2丁目24　会社
　　　　〒110-0016　☎03(3831)0743

© Miyuki Matsuo　　　　　　　　　　Printed in Japan

ISBN978-4-405-04590-3